新质生产力驱动下高等职业教育适应性转型策略研究

龙屏风 著

汕頭大學出版社

图书在版编目（CIP）数据

新质生产力驱动下高等职业教育适应性转型策略研究 / 龙屏风著. -- 汕头：汕头大学出版社，2025.1.
ISBN 978-7-5658-5523-8

Ⅰ．G719.21

中国国家版本馆 CIP 数据核字第 2025LK7323 号

新质生产力驱动下高等职业教育适应性转型策略研究
XINZHI SHENGCHANLI QUDONG XIA GAODENG ZHIYE JIAOYU SHIYINGXING ZHUANXING CELÜE YANJIU

著　　者：	龙屏风
责任编辑：	胡开祥
责任技编：	黄东生
封面设计：	寒　露
出版发行：	汕头大学出版社
	广东省汕头市大学路 243 号汕头大学校园内　邮政编码：515063
电　　话：	0754-82904613
印　　刷：	定州启航印刷有限公司
开　　本：	710 mm×1000 mm　1/16
印　　张：	15.25
字　　数：	200 千字
版　　次：	2025 年 1 月第 1 版
印　　次：	2025 年 1 月第 1 次印刷
定　　价：	88.00 元

ISBN 978-7-5658-5523-8

版权所有，翻版必究

如发现印装质量问题，请与承印厂联系退换

前言

在全球经济结构和生产力不断演变的背景下，新质生产力成为推动高质量发展的重要驱动力。2024年1月31日，中共中央政治局就扎实推进高质量发展进行第十一次集体学习，习近平总书记强调："必须牢记高质量发展是新时代的硬道理，全面贯彻新发展理念，把加快建设现代化经济体系、推进高水平科技自立自强、加快构建新发展格局、统筹推进深层次改革和高水平开放、统筹高质量发展和高水平安全等战略任务落实到位，完善推动高质量发展的考核评价体系，为推动高质量发展打牢基础。"

习近平指出，发展新质生产力是推动高质量发展的内在要求和重要着力点，必须继续做好创新这篇大文章，推动新质生产力加快发展。新时代，党中央作出了一系列重大决策部署，推动高质量发展成为全党全社会的共识和自觉行动，成为经济社会发展的主旋律。近年来，我国科技创新成果丰硕，创新驱动发展成效日益显现；城乡区域发展协调性、平衡性明显增强；改革开放全面深化，发展动力、活力竞相迸发；绿色低碳转型成效显著，发展方式转变步伐加快，高质量发展取得明显成效。然而，制约高质量发展的问题还大量存在，要高度重视，切实解决。

习近平强调，高质量发展需要新的生产力理论来指导，而新质生产力已经在实践中形成并展示出对高质量发展的强劲推动力、支撑力。习近平概括道，新质生产力是创新起主导作用，摆脱传统经济增长方式、生产力发展路径，具有高科技、高效能、高质量特征，符合新发展理念的先进生产力质态。它由技术革命性突破、生产要素创新性配置、产业深度转型升级催生，以劳动者、劳动资料、劳动对象及其优化组合的跃升为基本内涵，以全要素生产率大幅提升为核心标志，特点是创新，关键在质优，本质是先进生产力。

科技创新是发展新质生产力的核心要素，必须加强科技创新，特别是原创性、颠覆性科技创新，加快实现高水平科技自立自强，打好关键核心技术攻坚战，使创新成果竞相涌现，培育发展新质生产力的新动能。习近平强调，要及时将科技创新成果应用到具体产业和产业链上，改造提升传统产业，培育壮大新兴产业，布局建设未来产业，完善现代化产业体系。要围绕发展新质生产力布局产业链，提升产业链供应链韧性和安全水平，保证产业体系自主可控、安全可靠。

在加快形成新质生产力的过程中，不仅需要从事"颠覆性技术和前沿技术"创新的高精尖科技杰出人才和领军人才，还需要大量将这些科学技术转化为现实生产力的高素质技术技能人才、大国工匠和能工巧匠，这也是《中华人民共和国职业教育法》赋予职业教育的历史使命。职业教育肩负着为新质生产力前瞻性培养新质技术技能人才的重任，职业院校需要深刻理解新质生产力的内涵特征，准确把握其带来的机遇和挑战，积极推进适应新质技术技能人才培养的高质量发展改革，推动职业教育与新质生产力同频共振、和谐共生。

教育在发展新质生产力中发挥着重要作用。习近平强调，要按照发展新质生产力的要求，畅通教育、科技、人才的良性循环，完善人才培养、引进、使用、合理流动的工作机制。要根据科技发展新趋势，优化高等学校学科设置、人才培养模式，为发展新质生产力、推动高质量发展培养急需人才。要健全要素参与收入分配机制，激发劳动、知识、技术、管理、资本和数据等生产要素活力，更好体现知识、技术、人才的市场价值，营造鼓励创新、宽容失败的良好氛围。

本书旨在探讨高等职业教育如何适应和推动新质生产力的发展，系统分析高职教育在新质生产力背景下的转型策略与实践路径。全书分为七个章节，从新质生产力的兴起与高等职业教育角色定位、理论基础、现状分析、转型策略、案例分析、政策建议，到未来发展愿景，全面阐述高等职业教育适应性转型的理论和实践。理论上，本书提出了新质生产力背景下高职教育适应性转型的系统框架；实践上，本书通过具体案例分析，提供了可操作的转型策略和建议，具有一定的创新性。

第一章详细阐述了新质生产力的内涵与特征；分析了新质生产力对全球经济和社会结构的深远影响；概述了高等职业教育适应性转型的内涵；通过具体案例和数据，明确了高等职业教育在新质生产力发展中的关键角色，强调其在培养高素质技术技能人才、推动教育与产业深度融合中的重要性。

第二章深入探讨了新质生产力的理论基础与教育适应性理论。通过对马克思主义生产力理论、教育经济学视角和社会互动理论与产教融合的详细分析，为高等职业教育转型提供了坚实的理论支撑；同时讨论了教育适应性理论的主要观点，为教育实践提供了系统的理论指导。

第三章对新质生产力背景下高等职业教育的现状进行了全面深入的分析。比较了国内外高等职业教育的发展概况，详细梳理了我国在适应新质生产力方面的现状与问题，深入剖析了存在的短板与挑战，并提出了有针对性的未来发展方向和建议。

第四章提出了新质生产力驱动的高等职业教育转型策略。涵盖了专业结构与课程体系的创新、产教深度融合的路径与实践、教师队伍与科研创新能力的提升，以及教育模式的适应性改革与核心能力培育等多个关键领域，通过具体实例和理论分析，提供了可操作性强的实施路径。

第五章通过具体案例展示了高等职业教育适应性转型的实践成果。包括特色专业建设与地方经济发展联动的成功案例、国际化视角下的合作案例，以及这些案例带来的经验总结与启示，为读者提供了生动翔实的参考范例。

第六章从政策导向与制度创新、资源配置与财政支持政策、法规环境与评估体系等方面，提出了推动高等职业教育与新质生产力互动发展的政策建议；重点强调了政策支持在促进高等职业教育转型和产教融合中的关键作用，并提出了具体的政策实施路径和保障措施。

　　第七章展望未来，描绘了高等职业教育与新质生产力持续互动的发展愿景。探讨了技术进步与教育模式的前瞻探索，强调了构建终身学习体系的重要性，并提出了服务全民技能提升的具体策略和实施方案，为高等职业教育的未来发展提供了宏观视角，进行了前瞻性思考。

　　本书不仅为学术界提供了新的研究视角，也为政策制定者、教育工作者和行业实践者提供了宝贵的指导和启示，具有较高的理论价值和实践意义。

　　在此，感谢各高校和企业在调研过程中提供的数据和支持，以及所有为本书撰写提供帮助的同人。本书的出版离不开各方的支持与协助，谨此致谢。

　　希望本书能够为高等职业教育的适应性转型提供有益的参考，为推动我国高质量发展贡献力量。

龙屏风
2024年6月

目 录

第一章 新质生产力与高等职业教育适应性转型概述 / 1

    第一节 新质生产力的内涵与特征 / 2

    第二节 新质生产力对全球经济与社会结构的影响 / 12

    第三节 高等职业教育适应性转型的内涵 / 18

    第四节 高等职业教育在新质生产力发展中的角色定位 / 26

第二章 新质生产力的理论基础与教育适应性理论 / 37

    第一节 马克思主义生产力理论 / 38

    第二节 教育经济学理论 / 50

    第三节 社会互动理论与产教融合 / 54

第三章 新质生产力背景下高等职业教育现状分析 / 61

    第一节 国内外高等职业教育的发展概况 / 62

    第二节 我国高等职业教育适应新质生产力的现状与问题 / 69

    第三节 新质生产力对高等职业教育的新要求 / 78

第四章 新质生产力驱动的高等职业教育转型策略 / 91

第一节 专业结构与课程体系的创新 / 92
第二节 产教深度融合的路径与实践 / 102
第三节 教师队伍建设与科研创新能力提升 / 108
第四节 教育模式的适应性改革与核心能力培育 / 111

第五章 高等职业教育适应性转型的案例分析 / 119

第一节 案例分析：特色专业建设与地方经济发展联动 / 120
第二节 案例分析：国际化视角下的高等职业教育合作 / 128
第三节 经验总结与启示 / 136

第六章 高等职业教育与新质生产力互动发展的政策建议 / 151

第一节 政策导向与制度创新 / 152
第二节 资源配置与财政支持政策 / 157
第三节 法规环境与评估体系的完善 / 161

第七章 面向未来的高等职业教育发展愿景 / 173

第一节 高等职业教育与新质生产力的持续互动 / 174
第二节 技术进步与教育模式的前瞻性探索 / 186
第三节 构建终身学习体系 服务全民技能提升 / 202

结语 新质生产力时代高等职业教育的使命与担当 / 225

参考文献 / 233

第一章 新质生产力与高等职业教育适应性转型概述

第一节 新质生产力的内涵与特征

一、新质生产力的内涵

（一）新质生产力提出的背景

在一定程度上，新质生产力的加速形成是由国内经济转型升级的内在需求驱动的。面对技术挑战，我国不得不加快技术自主创新的步伐。以华为为例，面对技术封锁，华为加大研发投入，积极推进自主创新，不仅在5G技术上取得突破，还推动了整个通信产业链的自主可控。我国在芯片领域加大投资，通过国家集成电路产业投资基金等支持半导体行业的发展，提升科技自立自强的能力。尽管外部压力加速了新质生产力的发展，但其根本动力来自我国自身经济转型的内在需求，外部压力只起到催化作用。

这种内在需求尤其体现在高质量发展的要求上。我国经济的高质量发展要求从过去的粗放型、劳动密集型、资源密集型的生产模式转向更加精细、高效的生产模式。这是新质生产力发展的内在需求。过去，我国依靠廉价劳动力和资源密集型产业实现了经济快速增长。然而，随着人口红利逐渐消失和资源环境压力增大，这种模式已经难以为继。以钢铁行业为例，过去依赖大量资源和劳动力的生产方式，导致严重的环境污染和资源浪费。近年来，通过技术改造和升级，我国钢铁行业逐步向高效能、低排放转型。当前，我国经济正处于转型升级的关键阶段，需要从过去的数量增长转向质量提升。这要求企业提高生产效率和产品质量。例如，海尔集团通过智能制造和数字化转型，实现了从传统家电制造商向高端智能家居解决方案提供商的转型，产品质量和市场竞争力显著提升。高质量发展是我国经济转型的必然要求，推动新质生产力的发展是实现这一目标的重要路径。

为了应对供给侧的挑战，我国需要通过重构生产要素，提升科技创新能力和生产效率。随着人口红利的消失和低成本劳动力优势的减弱，传统的生产模式已经无法满足经济发展的需要。随着人口老龄化加剧，我国的劳动力成本逐年上升，低成本劳动力优势不再。在新质生产力的发展中，科技创新成为重构生产要素的重要手段。以阿里巴巴为例，通过发展云计算和大数据技术，阿里巴巴不仅提升了自身的运营效率，还推动了众多中小企业的数字化转型，形成了一个新的产业生态。通过重构生产要素，提升科技创新能力，我国能够有效应对供给侧的挑战，推动新质生产力的发展。

除了供给侧的挑战，需求侧的变革也推动了新质生产力的发展。我国已经从物质短缺转向产能过剩，我国社会的主要矛盾已经转变为人民日益增长的美好生活需要和不平衡不充分的发展之间的矛盾。这种需求侧变革要求我国经济从量的扩张转向质的提升。在过去的几十年里，我国大量投资基础设施和制造业，导致部分行业出现产能过剩。以光伏产业为例，早期的盲目扩张导致市场供过于求，价格竞争激烈，企业利润下降。为了解决这一问题，我国光伏企业通过技术创新和产品升级，提高了产品质量和市场竞争力。随着收入水平的提高，消费者对产品质量和服务水平的要求越来越高。例如，新能源汽车市场的发展不仅满足了消费者对绿色出行的需求，还推动了电池技术和智能驾驶技术的发展，提升了整个汽车产业的科技水平。需求侧的变革要求我国经济从解决产能过剩问题转向满足高质量需求，通过推动新质生产力的发展，实现从量到质的飞跃。

国际碳减排规则和环境保护压力也在推动我国的新质生产力发展。国际碳减排规则和环境保护压力对我国经济发展的影响越来越大，推动我国主动进行绿色转型和可持续发展。随着全球气候变化的加剧，各国际组织和国家纷纷推出碳减排政策。例如，欧盟的碳边境调节机制（碳关税）对高碳排放产品的出口造成了巨大压力。为了应对这一挑战，我国企业加大了绿色技术的研发和应用力度，以减少碳排放，提高产品的国际竞争力。我国已经明确提出了碳达峰和碳中和目标，绿色转型成为必然选择。以比亚迪为例，其通过大力发展电动汽车和新能源汽车，减少了汽车产业对化石燃料的依赖，推动了绿色产业的发展。同时，政府在政策层面提供支持，推动企业进行绿色技术创新和应用。面对国际碳减排规则和环境保护压力，我国主动进行绿色转型和可持续发展，不仅提升了新质生产力的水平，也增强了我国在经济领域的国际竞争力。

总的来看，国内经济转型需求、供给侧和需求侧的双重挑战以及国际环境保护压力共同推动了我国新质生产力的发展。这些因素相互作用，共同塑造了我国在新质生产力背景下的发展路径和战略选择。

（二）新质生产力的内涵与价值

新质生产力代表先进生产力的演进方向，是由技术革命性突破、生产要素创新性配置、产业深度转型升级而催生的先进生产力质态。新质生产力以劳动者、劳动资料、劳动对象及其优化组合的跃升为基本内涵，具有强大的发展动能，能够引领社会生产进入新的时代。

技术革命和生产要素的创新性配置是推动产业深度转型升级的关键。通过技术进步和要素优化，传统产业可以实现质的飞跃，形成新的生产力质态。技术革命是推动产业深度转型的核心动力。以人工智能和大数据技术为例，其通过智能化、自动化的生产流程，实现了生产效率的大幅提升和资源的集约利用。例如，制造业中的智能工厂通过人工智能技

第一章 新质生产力与高等职业教育适应性转型概述

术实现生产线的自动化,大幅提高了生产效率。生产要素的创新性配置是产业转型升级的重要途径。通过优化组合劳动者、劳动资料和劳动对象,可以实现生产要素的高效配置。例如,农业中引入大数据和人工智能技术进行选种育种和自动化种植,不仅能提高农业生产效率,还能推动农业现代化发展。数据显示,智能农业技术的应用使得农业产出增加了15%[1]。

战略性新兴产业和未来产业是新质生产力的重要支撑。这些产业不仅包括现有的高科技产业,还涉及未来可能成为经济增长新引擎的领域。战略性新兴产业是新质生产力的重要组成部分,这些产业不仅具有先进性和重大的经济意义,还在一些国家和地区形成了规模。以新能源产业为例,通过技术创新和产业政策支持,新能源产业迅速发展,成为经济增长的新引擎。2023年,全球新能源投资总额达到了3650亿美元,比上年增长了10%[2]。未来产业具有巨大的发展潜力,虽然其理论认知、发展路径和业态尚不清晰,但其前景广阔。以生物技术产业为例,通过不断的技术突破和创新,其正在逐步形成新的增长点,未来有望成为经济发展的重要支柱。据预测,到2030年,全球生物技术市场规模将达到7750亿美元[3]。

我国面临的"三明治困境",即在国际竞争中处于低端劳动密集型和高端技术密集型之间的压力,是推动我国新质生产力发展的重要动力。通过发展新质生产力,我国可以实现从低端向高端的突破,提升国际竞

---

[1] FAO. The Impact of Smart Agriculture on Production Efficiency[EB/OL].(2023-01-20)[2024-07-04]. http://www.fao.org/smart-agriculture/impact/2023.

[2] IEA. World Energy Investment 2023[EB/OL].[2024-07-04]. https://www.iea.org/reports/world-energy-investment-2023.

[3] Grand View Research. Global Biotechnology Market Size Worth $775 Billion by 2030[EB/OL].[2024-07-04]. https://www.grandviewresearch.com/press-release/global-biotechnology-market.

争力。随着人口红利的逐渐消失和劳动力成本的上升,我国在低端劳动密集型产业中的竞争力下降。通过技术创新和生产要素的优化配置,我国可以提升生产效率和产品质量,从而摆脱低端产业的困境。数据显示,我国劳动力成本从2010年的年均3500美元上升到2022年的年均8900美元[①]。面对发达国家在高端技术密集型产业领域带来的竞争压力,我国需要通过大力发展新质生产力,实现从低端向高端的跨越。以华为为例,通过不断的技术创新和研发投入,华为在5G技术上取得了领先地位,提升了我国在国际市场中的竞争力。2023年,华为的研发投入达到人民币1615亿元,占其总收入的25.1%[②]。

新质生产力在提升国家经济安全和国防安全方面具有重要战略价值。通过科技创新和产业升级,新质生产力不仅提升了经济发展的质量和效率,还增强了国家的综合实力和国际竞争力。通过科技创新和产业升级,新质生产力可以提高国家的自主创新能力和科技自立自强水平,确保经济安全。以半导体产业为例,通过加大研发投入和技术创新,我国逐步减少了对国外技术的依赖,提升了产业链的自主可控性。据统计,2023年我国半导体产业的自主率达到了35%,比2020年提升了10个百分点[③]。新质生产力在国防安全方面也发挥着重要作用。通过发展高科技、高效能的军事装备和技术,国家可以提升国防能力和安全水平。例如,通过发展先进的无人机技术和人工智能军事应用,我国在国防科技领域取得了显著进展,提升了国防安全水平。

---

① OECD. Labour Cost Levels in China[EB/OL].[2024-07-04].https://data.oecd.org/earnwage/labour-cost.htm.

② 华为2023年度报告[EB/OL].[2024-03-24]. https://www.huawei.com/cn/annual-report/2023.

③ 中国半导体行业协会. 2023年中国半导体产业自主率达到35%[EB/OL].[2024-07-08]. http://www.csia.net.cn/Article/ShowInfo.asp?InfoID=4317.

二、新质生产力的特征

(一)高科技

新质生产力的核心在于高科技的驱动。大数据、云计算和人工智能等前沿技术的应用大幅提升了生产效率和管理水平,推动了生产方式和商业模式的深刻变革。这些技术的融合使得企业能够更加灵活、高效地应对市场需求的变化,从而在激烈的市场竞争中占据优势地位。例如,人工智能技术的应用可以优化生产流程,提高产品质量和生产效率,而云计算技术则提供了强大的计算和存储能力,使企业能够快速响应市场变化。

大数据技术在新质生产力中的应用尤为突出。通过对海量数据的收集、存储和分析,大数据技术可以从中提取有价值的信息,帮助企业作出更加精准的决策。在制造业中,大数据技术可以对生产过程中的每一个环节进行实时监控和分析,从而发现潜在的问题和优化空间。例如,通过分析生产设备的运行数据,企业可以提前预测设备的故障,进行预防性维护,避免因设备故障导致的停工和损失。此外,大数据技术还可以分析市场需求和消费者行为,帮助企业制定更加精准的生产计划和营销策略,提高市场响应速度和竞争力。

云计算为新质生产力提供了强大的计算和存储功能,使得企业能够快速响应市场变化。通过将计算资源和数据存储分布在网络中,企业可以按需使用计算资源,降低信息技术成本,提高资源利用效率。在生产过程中,云计算支持复杂的计算任务和大规模数据处理,使得生产过程更加高效和智能。例如,在产品设计阶段,云计算可以支持复杂的仿真和建模,缩短产品开发周期。在生产管理中,云计算可以支持实时数据分析和决策,使得生产过程更加灵活和高效。

人工智能在新质生产力中的应用日益广泛，通过机器学习、深度学习和自动化技术，企业可以提高生产的智能化水平和管理效率。机器学习技术可以通过对大量历史数据的学习，优化生产流程和管理策略。例如，在质量控制中，机器学习可以通过分析历史数据，建立质量预测模型，对生产过程中的质量问题进行实时监控和预测，从而提高产品质量和生产效率。深度学习技术在图像识别、语音识别等领域的应用也大大提高了生产过程中的自动化水平。例如，在工业生产中，深度学习技术可以用于识别生产线上的缺陷产品，提高质量控制的准确性和效率。工业互联网通过将生产设备、系统和人员联系起来，实现信息的实时传输和共享，使得生产过程更加透明和可控。工业软件集成各类生产管理功能，如生产计划、质量管理、设备管理等，提高了生产过程的智能化和自动化水平。例如，企业工业互联网实现了对生产设备的远程监控和维护，可以提高设备利用率和生产效率。工业软件则帮助企业优化和管理生产流程，提高生产效率和产品质量。通过这些技术的应用，企业不仅可以实现对生产流程的全面监控和优化，还可以通过数据分析和智能决策，提高整体运营效率和市场竞争力。

（二）高效能

新质生产力的高效能不仅包括生产效率的显著提高，还包括生产过程的优化和资源利用的最大化。通过智能制造技术、自动化生产线、精益生产方式、先进管理机制和资源利用优化，新质生产力实现了生产过程的整体优化，为企业的经济效益和可持续发展提供了强大支持。

智能制造技术集成了信息技术、计算机技术和制造技术，可以实现生产过程的智能化管理和控制。例如，物联网技术使生产设备和系统之间实现无缝连接和信息共享，使生产数据能够实时传输和处理。这不仅提高了生产的精度和效率，还使得整个生产过程更加透明和可控，从而

第一章　新质生产力与高等职业教育适应性转型概述

减少了不必要的中间环节和人工干预。在制造业中,通过智能制造技术,企业可以实现对生产过程的实时监控和管理,及时发现并解决问题,提升整体生产效率。

自动化生产线利用机器人和自动化设备替代人工操作,使得生产过程更加精确和快速。例如,在汽车制造行业,机器人可以在短时间内完成焊接、喷漆、组装等多个复杂工序,大大提高了生产效率和产品质量。机器人和自动化设备的使用,不仅降低了人为操作的出错率,减少了生产过程中的浪费,还提高了生产的连续性和一致性,确保了产品的高质量和高产量。自动化生产线的引入,使企业能够在保持高质量的同时,显著提升生产效率。

精益生产方式通过简化工序、减少中间环节、提高生产速度等方式优化生产流程。精益生产强调持续改进和资源配置优化,减少生产过程中的浪费,提高整体生产效率和资源利用率。通过分析和优化每一个生产环节,精益生产能够找到并消除影响效率的因素,从而提高整体生产效率。例如,通过精益生产,企业可以减少库存、缩短生产周期,并提高生产灵活性,进一步提升生产效率和资源利用率。

现代企业引入全面质量管理、六西格玛管理等先进管理理念和方法,可以有效提高生产效率和产品质量。全面质量管理强调全员参与、全方位控制,通过系统化的管理手段,确保产品质量的稳定和提高。六西格玛管理通过统计分析和过程改进,减少生产过程中的变异,提高生产效率和质量。例如,通过六西格玛管理,企业可以识别和消除生产过程中存在的变异,优化生产流程,确保产品的高质量和一致性。

新质生产力注重通过智能电网、能源管理系统等技术手段提高资源利用效率。在能源管理方面,引入智能电网和能源管理系统,可以实现能源的合理调配和高效利用,减少能源浪费。在原材料管理方面,精确的需求预测和供应链管理,可以优化原材料的采购和使用,降低库存成本并减少原材料浪费。例如，采用循环经济模式，通过资源的循环利用和再生，可以减少资源消耗，减轻环境负担，实现经济效益和环境效益的双赢。

（三）高质量

新质生产力还有一个显著的特征，就是高质量，这不仅体现在通过新材料、新工艺和绿色制造技术实现产品的高附加值和高可靠性上，还体现在生产过程的环保性和可持续性上。高质量生产强调在追求卓越产品的同时，注重环境保护和资源的可持续利用，从而实现经济效益与社会效益的双赢。

新材料的开发与应用极大地提升了产品的性能和可靠性。例如，碳纤维复合材料因其优越的强度和轻量化特性，被广泛应用于航空航天、汽车制造和体育用品等领域。相比传统材料，碳纤维材料不仅使产品更坚固耐用，还能显著降低产品重量，提高产品性能。此外，纳米材料和生物材料等新兴材料的研发和应用，也为产品性能的提升和创新提供了新的可能。例如，纳米材料在电子设备中的应用提高了电子设备的导电性和耐用性，生物材料在医疗器械中的应用提升了医疗器械的生物相容性和功能性。

先进制造工艺在高质量生产中扮演着关键角色。3D打印技术可以根据设计图纸直接制造出复杂的三维结构，大幅缩短了产品的研发周期和生产时间。这种技术不仅提高了生产的精度和效率，还降低了生产过程中的废品率，减少了资源浪费。激光加工技术以其高精度、高效率和非接触加工等优点，广泛应用于精密仪器、电子设备和医疗器械等高要求领域。例如，激光切割技术在制造业中的应用不仅提高了加工精度，还显著降低了材料损耗。

第一章　新质生产力与高等职业教育适应性转型概述

绿色制造技术通过优化生产过程、减少资源消耗和污染排放，推动生产过程的环保化和可持续发展。清洁生产技术通过改进生产工艺和设备，减少了有害物质的产生和排放，提高了资源的利用效率。循环经济模式通过资源的循环利用和再生，减少了资源消耗，减轻了环境负担。可再生能源的利用，如太阳能、风能等，减少了人们对化石能源的依赖，减少了温室气体的排放。

高质量不仅包括良好产品的性能和可靠性，还包括生产过程的环境友好性和社会责任感。企业通过采用绿色制造技术，不仅提高了产品的质量，还实现了生产过程的环境友好。例如，在汽车制造行业，越来越多的企业采用轻量化设计和新能源技术，生产出低能耗、低排放的"绿色汽车"。这种绿色制造不仅有助于减少对环境的负面影响，还能满足消费者对环保产品的需求，提升企业的市场竞争力和品牌形象。企业还可以通过参与社会公益活动和环保项目，提升自身的社会形象和品牌价值。

新质生产力通过持续的技术创新和管理优化，不断提升产品质量和生产过程的环保性。企业通过对新材料、新工艺和绿色制造技术的应用，可以生产出具有高附加值和高可靠性的产品，为经济社会的可持续发展提供强大支持。现代企业在追求高质量产品的同时，越来越重视企业的社会责任和可持续发展。例如，通过实施绿色供应链管理，企业可以确保供应链上的各个环节都符合环保和可持续发展的要求。

第二节　新质生产力对全球经济与社会结构的影响

一、经济结构变化

（一）产业结构升级

新质生产力对全球经济和社会结构的影响是多方面的，其中对产业结构升级的影响尤为显著。新质生产力通过高科技驱动的新兴产业、人工智能技术的广泛应用、基因技术的突破、数字经济的推动以及全球化背景下的产业结构优化，深刻影响了全球经济与社会结构。这一过程不仅提高了生产效率和产品质量，还促进了传统产业的转型升级，推动了经济的全面发展和社会的进步。

新质生产力的发展极大地推动了新兴产业的崛起。信息技术、自动化技术和生物科技的快速进步，重新定义了生产力的边界，并催生了物联网、大数据和高端设备制造等新兴产业。物联网技术通过连接设备和系统，提高了生产效率和资源利用率。在制造业中，物联网技术使得生产过程更加智能化和自动化，显著提升了生产效率和产品质量。大数据技术通过数据分析和处理，优化了企业的决策过程，提高了企业的市场响应速度和竞争力。

人工智能技术的应用彻底改变了多个行业的传统运作方式。自动驾驶汽车、智能医疗诊断和个性化教育是人工智能技术的重要应用领域，这些技术不仅提高了生产效率，还大幅提升了产品和服务的质量。例如，在汽车行业，自动驾驶技术的应用减少了交通事故，提高了交通的效率和安全性。在医疗行业，智能医疗诊断技术通过数据分析和机器学习，提高了诊断的准确性和治疗的效果，减少了人为误差。在教育领域，个性化教育通过人工智能技术，实现了因材施教，提升了教师的教学质量和学生的学习效果。

基因技术的突破对医药和农业产生了深远影响。基因编辑、生物制药和合成生物学等技术的进步，不仅提高了医疗水平，还推动了农业生产力的提升。CRISPR技术（一种基因编辑技术）在基因疗法领域的应用，为罕见病患者带来了新的希望，并显著提升了医药产业的创新能力和竞争力。在农业方面，基因编辑技术通过改良作物基因，提高了作物的产量和抗病能力，促进了农业产业的可持续发展。

数字经济作为产业结构升级的重要引擎，通过提升生产过程的智能化水平和价值链的升级，推动了传统产业的数字化转型。数字技术在资源型城市的应用，促进了资源的高效利用和生产过程的优化，提高了产业的整体竞争力和可持续发展能力。数字经济还通过信息技术的应用，减少了信息不对称并降低了交易成本，提升了市场效率和企业创新能力。

产业结构升级是一种全球性现象。发达国家通过技术创新进一步巩固其在全球经济中的领导地位，而发展中国家通过引入和适应先进技术，逐步缩小与发达国家的差距。全球各国需要制定前瞻性政策，以引导和应对这些技术变革，确保经济和社会的平稳过渡。教育体系的改革，培养未来社会所需的具有新技能和创新能力的人才也是应对这一挑战的关键。全球化推动了技术和知识的交流，使各国能够共享创新成果，实现共同发展和繁荣。

（二）劳动力市场需求变迁

随着新质生产力的发展，劳动力市场正在经历显著的变革。技术革命性突破和产业深度转型升级催生了对高技能、技术熟练劳动力需求的急剧增加，特别是对数字化和智能化生产环境适应能力强的劳动者的需求。这一变化要求教育体系，特别是职业教育和继续教育领域，进行相应的调整和改革。

首先，新质生产力的发展显著增加了对高技能、技术熟练劳动力的需求。技术革命性突破和产业深度转型升级，尤其是在数字化和智能化生产环境中的应用，要求劳动者具备更强的适应能力和更高的技术技能水平。例如，随着自动化技术在制造业中的广泛应用，生产线上的工人需要掌握操作和维护复杂机械设备的能力。这些变化推动了对技术工人的需求，并使得劳动力市场出现了显著的技能缺口。

不仅如此，在金融服务业和医疗行业，对数据分析师和人工智能（Artificial Intelligence, AI）专家的需求也急剧上升。金融服务业中的大数据分析和风险管理，医疗行业中的智能诊断和治疗方案优化，都依赖于拥有高技能的数据分析和AI技术的人才。这促使教育机构增设和更新相关课程，以培养能够满足市场需求的高技能人才。例如，许多大学和职业学校已经开始提供数据科学和人工智能的专门课程，以适应市场的需求。

与此同时，随着人们环保意识的提升和绿色技术的发展，绿色技术工程师和电池技术专家的需求不断增加。绿色技术的应用不限于能源领域，还扩展到了建筑业、交通业和制造业。教育体系也随之调整，推动相关职业教育课程的发展，以满足市场对环保专业人才的需求。例如，越来越多的职业学校开设了可再生能源和环境工程相关课程。

此外，基因编辑和生物制药技术的进步为劳动力市场带来了新的职业机会。高级生物技术人才的教育需求也随之增加，教育机构必须更新课程内容和增加实践教学，以培养满足新兴产业需求的未来劳动力。CRISPR技术的发展使得生物技术领域对基因编辑和生物制药专家的需求大幅增加，这推动了相关教育课程的迅速发展。

因此，政策制定者需要密切关注劳动力市场需求的变化，制定相应的政策支持教育体系的改革和劳动力市场的健康发展。这包括提供财政支持、优化税收政策、加强对劳动力市场的监管和指导，以及鼓励创新创业活动，以促进就业多元化和创造更多的就业机会。政府可以通过资助职业培训项目和提供就业支持服务，帮助劳动者适应新质生产力带来的变化。

二、社会结构影响

（一）就业形态多样化

新质生产力的兴起正在重塑全球就业市场的面貌，推动就业形态向多样化和自主化方向发展。这一变革主要由数字化进程的加速和全球化工作环境的发展驱动，促使传统工作模式逐渐向更灵活、高效的方向转变。

远程工作的普及是新质生产力推动就业形态多样化的显著表现。随着技术的进步，远程工作已成为可能，许多公司开始支持员工在家工作。这种工作方式不仅减少了人们的通勤时间，还提高了人们的工作效率和生活质量。

与此同时，灵活工时制度和项目化工作方式的实施，也显著提升了员工的工作效率和满意度。灵活工时允许员工根据自身情况调整工作时间，从而使其能够更好地平衡工作与生活。这种制度已经在许多企业中显示出其优势。例如，Netflix 采用的"无固定工时"政策，允许员工自行安排工作时间，只需完成任务即可。这种灵活性不仅提高了员工的工作满意度，还降低了他们的职业压力。此外，项目化工作方式通过临时组合专业人才，快速响应市场变化，提高工作效率，项目结束后团队即可解散。这种灵活的团队结构适应了快速变化的市场，在科技和创意产业中表现尤为突出。

这些就业形态的变化对教育体系提出了新的要求。教育系统需要不断更新教育模式和内容，培养学生适应新经济形态的能力。例如，数字化技术的发展要求教育体系加强对学生数字技能的培养，以使学生适应数字职业岗位。芬兰的教育体系已经开始在中小学阶段普及编程教育，确保未来劳动力具备基本的数字技能。同时，绿色发展理念的兴起也要求教育体系注重与环保和可持续发展相关的教育内容，以满足绿色职业的人才需求。例如，深圳职业技术大学引入了环境管理和可再生能源相关的课程，帮助学生掌握绿色产业所需的专业知识和技能。

为了应对这些变化，政策制定者需要密切关注就业形势，并制定相应的支持性政策。这包括完善劳动力市场的法律法规体系，引导人力资源进行深度开发，以及适时调整就业和技能开发政策，稳定青年就业大局。例如，丹麦的"灵活安全"政策通过结合灵活的就业市场和强大的社会保障体系，为工人提供了稳定的就业环境和社会保障。此外，政府应加强对求职者的帮助和指导，细化相关就业创业政策，为青年人就业、创业提供帮助和保障；支持远程工作、自由职业等灵活就业形式，建设零工市场，让年轻人有更多选择。

新质生产力的兴起使劳动力市场产生了巨大的变化，将人口红利逐步转变为人才红利。通过推动高技能、高素质人才的培养，提升劳动者的职业素养和创新能力，可以实现个人职业目标和生活质量的提升。例如，新加坡通过其"技能创前程职业转换"计划（SkillsFuture Career Transition Programme, SCTP）和"技能创前程进阶计划"（SkillsFuture Level-up Programme）鼓励国民在整个职业生涯中不断学习和提升技能，为经济持续增长提供了强大的人才支撑。这种转变不仅有助于拓展个体的职业发展前景，也为新质生产力的形成提供了不竭动力。

（二）教育与培训需求增加

新质生产力的兴起，特别是在信息技术、人工智能和自动化领域的迅猛发展，对教育和培训体系产生了全面改革的迫切需求。这种改革旨在适应快速变化的技术和就业市场，满足全球化和市场拓展下对劳动力多样化和高级技能的需求，进而提升终身学习的重要性。

新质生产力的内涵和特点强调创新性、绿色性、融合性和共享性，这要求教育系统更新课程内容，加强学生数字技能和绿色技能的培养培训，以使学生满足数字时代对高素质专业化创新人才的需求。例如，北京市和上海市的中小学已经将编程纳入了必修课程，确保未来劳动力具备基本的数字技能。同时，北京大学通过其环境管理系提供环境管理和可再生能源相关课程，培养学生在绿色产业中的技能。

技术进步带来的新技能需求不断增加，从数据分析到高级编程，教育系统必须引入相关课程，培养学生的全球视野和适应不同文化环境的能力。这与"深化教育培训体制机制改革"和"推进校企合作、工学一体"的目标相契合。终身职业技能培训制度的建立有助于实现职业技能培训与企业岗位需求的有效衔接。我国实施了全民终身学习计划，通过国家开放大学终身教育平台，提供大量社区教育和老年教育课程，鼓励国民在职业生涯中不断学习和提升技能，为经济持续增长提供了强大的人才支撑。

教育机构与行业之间的合作模式得以强化，通过实习项目和实践链接，帮助学生获得实际工作环境中的经验和技能。这种合作模式的发展，是通过"为企业及时提供全方位用工保障服务"和"持续开展重点企业用工常态化服务保障"，以提升从业者的满意度和幸福感。例如，合肥职业技术学院与立方数科股份有限公司合作，建立了一个技术创新中心，为学生提供科研实践和技术转化的平台。学生在这里不仅能学到最新的技术，还能参与实际的研发项目，积累宝贵的实践经验。

此外，在线学习平台和虚拟现实教学工具的发展支持个性化学习路径的实现，能够满足不同学习者的具体需求。这些新技术的应用促进了教育信息的高效流动和劳动力的优化配置。学堂在线是清华大学发起的在线学习平台，该平台提供了丰富的课程，使学习者能够根据自身兴趣和职业需求进行个性化学习。

政策制定者应关注新质生产力对教育和培训需求的影响，制定支持性政策，促进劳动力市场的健康发展。这需要"坚持底线思维，强化重点群体就业支持"，并围绕青年、新产业工人、失业人员等重点群体，健全兜底帮扶体系，完善就业援助制度。此外，政府应加强对求职者的帮助和指导，细化相关就业、创业政策，为青年人就业、创业提供帮助和保障。

第三节 高等职业教育适应性转型的内涵

一、高等职业教育适应性转型的背景与定义

党的二十大报告强调，"培养什么人、怎样培养人、为谁培养人"是教育的根本问题，并提出了"推进职普融通、产教融合、科教融汇，优化职业教育类型定位"的新要求。当前，尽管我国职业教育招生规模逐年扩大，但职业教育人才培养与经济社会发展需求之间仍存在明显的脱节，技能人才短缺问题日益严重。据预测，到2025年，制造业十大重点领域的技能人才缺口率将达到48%，这对我国实现"技能型社会基本建

第一章 新质生产力与高等职业教育适应性转型概述

成"和"十四五新增技能人才 4000 万以上"等目标构成重大挑战[①]。为此，国家层面出台了一系列政策文件，如《关于加强新时代高技能人才队伍建设的意见》《中华人民共和国职业教育法》等，均将提高职业教育与经济社会的适应性作为重要任务，强调职业教育在培养高技能人才中的基础性作用。

在新质生产力驱动下，高等职业教育的适应性转型不仅是响应经济和社会变化的必要措施，更是提升教育质量和人才培养效率的关键路径。职业教育适应性是一个多维度概念，涵盖了经济、社会以及人的全面发展三个方面。从经济角度来看，职业教育需要与区域经济和产业结构相适应，培养满足市场需求的高素质技能型人才；从社会角度来看，职业教育需要满足社会发展和变迁的需求，推动社会公平和包容性发展；从人的全面发展角度来看，职业教育不仅要传授技能，还要促进学生的全面发展，提升其综合素质和终身学习能力。根据不同的适应状态，职业教育适应可以划分为反应性适应、战略性适应和融合性适应三个阶段。反应性适应阶段的职业教育主要是被动地应对外部环境的变化，表现出对市场需求的滞后反应。教育机构在这一阶段通常缺乏前瞻性，难以有效地预见和应对快速变化的经济和社会环境。战略性适应阶段的职业教育开始主动预测并满足经济社会发展的需求。教育机构能够制定和实施战略性举措，以适应和引领市场。这一阶段体现了教育机构在课程设计、教学方法和合作模式上的创新能力和前瞻性。融合性适应阶段的职业教育与经济社会发展实现了深度融合，二者相互促进、共同发展。教育机构不仅能够预见市场需求，还能积极参与产业发展和技术创新，成为经济和社会发展的核心驱动力。

[①] 教育部 人力资源社会保障部 工业和信息化部关于印发《制造业人才发展规划指南》的通 知[EB/OL]. (2017-02-14)[2024-07-24]. https://www.gov.cn/xinwen/2017-02/14/content_5167903.htm.

职业教育的转型是应对新质生产力带来的新挑战和新机遇的必要举措。随着技术的飞速发展和全球化的深入，传统的职业教育模式已无法满足现代社会对高素质、创新型技能人才的需求。新质生产力的兴起对就业市场和职业技能需求产生了深远影响，迫使职业教育进行转型。传统的职业教育模式侧重于特定技能的传授，无法满足快速变化的市场需求。职业教育必须通过更新课程内容和教学方法，培养学生的创新能力和适应性，以应对新兴产业和绿色经济的挑战。例如，人工智能和大数据分析等新技术的广泛应用，要求教育体系培养能够操作和优化这些技术的高素质人才。

全球化和技术进步使得市场对人才的要求不断提升。全球经济一体化要求劳动者具备跨文化沟通的能力和国际视野；同时，快速发展的技术不断更新市场对专业技能的要求。职业教育必须跟上全球化和技术进步的步伐，通过课程改革和教学创新，确保学生能够应对全球市场的挑战。比如，跨国公司需要具备多语言能力和跨文化沟通能力的员工，这就要求职业教育在课程中融入语言学习和国际交流内容。

数字化和绿色经济的发展对职业教育提出了新的要求。随着信息技术的普及和人们环保意识的增强，市场对数字技能和绿色技能的需求日益增加。职业教育必须更新课程内容，加强相关技能的培养，以确保学生具备应对数字时代和环保要求的能力。建立终身学习体系是职业教育适应性转型的重要内容。随着技术和市场需求的不断变化，劳动者必须在职业生涯中持续学习和提升技能。职业教育应当为学生提供终身学习的机会和资源，帮助他们在整个职业生涯中不断更新知识和技能。这不仅有助于个人的职业发展，也为经济持续增长提供了强大的人才支撑。

二、高等职业教育适应性转型的重要意义

高等职业教育的适应性转型在新质生产力驱动下，具有重要的战略

第一章　新质生产力与高等职业教育适应性转型概述

意义。通过培养高素质技能型人才、提升教育质量、深化校企合作、利用现代教育技术和促进经济社会发展，高等职业教育的适应性转型不仅能够满足新兴产业和技术发展的需求，还能推动经济和社会的持续进步。

第一，高等职业教育适应性转型的首要意义在于培养满足新兴产业需求的高素质技能型人才。随着人工智能、大数据和物联网等新技术的广泛应用，市场对技术人才的需求日益增加。通过引入相关课程和培训项目，高等职业教育能够确保学生掌握最新的技术和技能，推动新兴产业的发展。

第二，高等职业教育通过优化课程设置和创新教学模式，能够显著提升教育质量和毕业生的就业竞争力。课程设置需要兼顾前瞻性和实用性，涵盖最新行业技术和标准，同时注重培养学生的实际操作能力和解决问题的能力。项目式教学、案例教学和翻转课堂等创新教学方法进一步提高了学生的课堂参与度和实践能力，使其在实际工作中具备解决问题的能力，从而更好地满足职业需求。

第三，深化校企合作和产教融合是推动高等职业教育适应性转型的重要途径。通过与企业建立紧密合作关系，教育机构可以了解行业最新动态和技术发展趋势，及时调整课程内容和教学方法。这种合作模式能够确保培养的人才满足企业的需求，实现教育与产业的无缝对接。校企合作不仅提高了教育的实效性和针对性，也促进了教育资源和产业资源的优化配置，使教育更贴近实际需求。

第四，现代教育技术在高等职业教育适应性转型中发挥着重要作用。在线学习平台和虚拟现实技术等工具为学生提供了灵活且个性化的学习体验。虚拟现实技术模拟真实的工作环境，让学生在虚拟场景中进行实践操作，提高了学生学习的互动性和实用性。这些技术的应用不仅提升了教育效果，也推动了教育的创新发展，使学生能够更加全面地掌握实际操作技能。

第五，高等职业教育的适应性转型能够为社会经济发展提供强有力的人才支持，推动产业升级和技术进步。随着全球化的发展和技术进步，经济结构不断调整，对高素质技能型人才的需求增加。高等职业教育通过适应性转型，培养出满足社会需求的人才，不仅能够满足企业的用人需求，还能促进产业的技术创新和生产效率的提高，提升企业的竞争力。

综上所述，高等职业教育的适应性转型在新质生产力驱动下具有重要的战略意义。

三、高等职业教育适应性转型关键要素分析

（一）师资力量

高等职业教育的适应性转型离不开强大的师资力量。教师不仅需要具备扎实的理论知识，还需要拥有丰富的实践经验，以"双师型"素质为核心，通过理论与实践结合、系统的培训机制、科研与企业合作以及实践与技术不断更新，全面提升教育质量和学生的就业能力。

"双师型"素质是现代高等职业教育中教师必须具备的重要素质。它结合了理论知识和实践经验，使教师能有效地将理论与实践相结合，为学生提供更实用和贴近实际工作的教学。这种素质让教师在教学过程中能更真实地反映行业现状，提升教学的实用性和前瞻性。学生通过这样的教学能更快适应实际工作环境。

建立健全教师培训机制是提升教师"双师型"素质的关键，包括定期的企业实践和技术更新培训。通过直接接触最新的工业环境和技术，教师能保持自己的专业知识和技能的现代性和相关性。高等职业院校可以定期组织教师参与行业领先企业的实际工作，如在制造业中进行现场的生产线管理或接受新技术培训。这不仅更新了教师的知识结构，还使他们能够将新技术和工作方法带入课堂，提升教学质量和学生的实际操作能力。

教师参与科研项目和企业合作对提升其创新能力和科研水平至关重要。通过参与实际的科研和创新项目，教师可以掌握最前沿的技术动态，增强自身的教学和研究能力。教师参与跨学科的科研项目，如与本地企业合作开发新的环保材料或智能制造系统，能够在教学中引入新观念和方法，不断提升教育内容的质量和深度，激励学生的创新精神。

为了确保教师能够始终站在行业技术的最前沿，持续进行实践与接受技术更新培训至关重要。教师需要不断学习和掌握最新的行业技术和动态，以便在教学中传授最新的知识和技能。这不仅提高了教学的实用性和前瞻性，也使学生能够接触到最新的行业发展和技术趋势，增强他们的职业竞争力和适应能力。

（二）课程内容

高等职业教育的课程内容需要不断调整和优化，以适应快速变化的产业需求和技术进步。通过产业合作、引入前沿技术、跨学科融合、动态评估反馈以及实践导向教学，高等职业教育能够培养出高素质技能型人才，提升学生的就业竞争力，为经济社会发展提供有力的人才支持。

高等职业教育应通过与企业合作，动态调整课程设置，确保内容紧跟最新产业技术和标准。这样的合作使课程内容更加实用，能够及时响应市场需求，培养出高素质技能型人才。例如，在制造业向智能制造转型的背景下，课程可以增加工业机器人、智能制造系统等内容，确保学生掌握最新技术。

课程设计应引入大数据、人工智能、物联网等前沿技术模块，培养学生的创新思维和实践能力。这些技术发展迅速，课程内容必须具有前瞻性，确保学生掌握最新技术和理念。例如，西安电子科技大学在课程中引入了大数据和物联网模块，通过实际案例和项目培养学生的技术水平和解决问题的能力。

通过整合不同学科知识，如信息技术与医疗、生物技术与工程，设计跨学科课程，培养具有综合能力的复合型人才。例如，浙江大学医学院附属第四医院通过移动数字医院项目，将信息技术与医疗相结合，开发了包括心电图监测等多种智能设备，极大地提升了医疗服务的效率，扩大了医疗服务覆盖范围。这种跨学科的课程设计和项目不仅提升了学生在医疗信息管理方面的综合能力，也为产业创新发展提供了有力支持。

建立动态的课程评估和反馈机制，定期更新和优化课程内容，确保其适用性和前沿性。例如，东莞职业技术学院建立了由企业专家、校友和教师组成的课程评估委员会，定期审查和调整课程内容，引入最新技术和标准，淘汰过时内容。通过反馈机制和动态优化课程，高等职业教育可以持续提升教学质量，满足产业环境需求。

通过实践导向的课程模块，如智能制造和工业机器人，增强学生的实际操作能力和就业竞争力。例如，山东理工职业学院设立了中德智能制造公共实训基地，学生在该基地通过真实的工业环境和先进设备进行实践操作，掌握了智能制造技术和工业机器人操作技能。这种实践教学提高了学生的技术水平和就业竞争力，使他们能够更好地适应实际工作环境。

（三）教学模式

教学模式创新是实现高等职业教育适应性转型的关键途径，致力满足现代职业教育的需求。传统的以教师为中心的教学模式已不能满足现代教育需求。因此，教师通过引入多样化的教学方法、翻转课堂、信息技术、动态互动学习环境、人工智能技术以及实现学生个性化学习需求的满足，能够有效提升教育质量和学生的学习体验，满足不断变化的工业和技术需求。

采用多样化的教学方法，如项目式教学和案例教学，可以显著增强学生的参与感和实践能力。项目式教学让学生参与实际项目，从而使学

第一章　新质生产力与高等职业教育适应性转型概述

生将理论知识应用于解决实际问题。这种实践中的学习能够显著提升学生的问题解决能力和团队协作技能。案例教学通过真实案例的分析，使学生能够理解和运用理论知识，提高他们的批判性思维和决策能力。多样化的教学方法可以使学生更好地适应职业环境的复杂性和多样性。

翻转课堂是增强学习深度、提高学习效率的一种新型教学模式。通过利用在线资源让学生在家预习理论知识，将课堂时间用于讨论和实践，翻转课堂能够使学生更深入地理解学习内容。这种模式不仅提高了学生学习的深度和效率，还增强了学生的自主学习能力和课堂参与度。学生通过在课堂上的互动和实践活动，可以更好地掌握和应用知识，提升实际操作能力。

信息技术在现代教育中扮演着至关重要的角色。在线学习平台和虚拟现实技术等工具，能为学生提供灵活且个性化的学习环境。在线学习平台允许学生自定节奏学习，接触广泛的资源和交互式内容，促进对知识的深入理解。虚拟现实技术通过模拟实际操作环境，如在医学教育中模拟手术过程，极大地增强了操作前的无风险训练。利用这些信息技术，教育机构可以突破传统教室的局限，提供个性化且高效的学习体验。

人工智能技术在教育中的应用进一步提升了教学的效果和效率。智能辅导系统、个性化学习推荐和智能评估等技术，使学生可以获得更精准和及时的反馈，使教育资源得以优化配置。例如，人工智能驱动的学习平台能够分析学生的学习行为和数据，为其提供个性化的学习路径和资源，帮助学生更有效地掌握知识点。人工智能还可以辅助教师进行教学管理和评估，减轻教师的工作负担，提升教学质量。

创建动态和互动的学习环境，可以有效提升学生的参与感和实践能力。教学模式的创新，如项目式教学和翻转课堂，强调学生在实际操作中的参与和互动。这种动态的学习环境不仅提高了学生的学习兴趣和积极性，还使他们能够更好地运用所学知识，增强实践能力和就业竞争力。

互动学习环境促进了学生的全面发展，从而能够培养出适应现代职业的高素质技能型人才。

满足学生的个性化学习需求是现代教育的重要目标。通过灵活的学习环境和自定节奏学习，学生可以根据自己的兴趣和进度进行学习。在线学习平台提供了丰富的课程资源和灵活的学习安排，允许学生根据个人需求选择学习内容和时间。个性化学习不仅提高了学生的学习效果，也增强了他们的自主学习能力和满意度。教育机构通过满足学生的个性化学习需求，能够培养出具有自主学习能力和创新思维的优秀人才。

第四节　高等职业教育在新质生产力发展中的角色定位

一、技能基石

在新质生产力发展的背景下，高等职业教育成为社会的技能基石。它不仅为经济发展提供高素质技能型人才，还通过创新教育模式和终身学习体系，推动产业转型和科技进步。

首先，高等职业教育是技能型社会的基础，培养出大量能够适应现代化生产的高技能人才。通过系统的技能培训和职业指导，高等职业教育为新质生产力的发展提供了坚实的人才保障。例如，德国的双元制教育模式强调职业学校和企业培训相结合，培养出大批高素质的技术工人，为德国制造业的持续发展提供了有力支持。类似地，我国的高等职业教育也通过与企业的紧密合作，培养出满足市场需求的技能型人才。

其次，高等职业教育强调理论与实践相结合，确保学生在掌握理论知识的同时具备实际操作能力。通过实习和实训环节，学生能够将所学

第一章　新质生产力与高等职业教育适应性转型概述

知识应用于实际工作，提高解决实际问题的能力。例如，杭州职业技术学院与阿里巴巴合作，建立了电商实训基地，学生可以在真实的商业环境中进行实训，了解电商运营的各个环节，从而在毕业后能够快速上手。

在技术快速更新的背景下，终身学习成为职业教育的重要组成部分。高等职业教育通过设置继续教育课程和职业资格认证，支持学生在整个职业生涯中不断提升技能和知识。例如，宁夏职业技术学院的继续教育学院提供了一系列继续教育课程和职业培训项目，帮助在职人员不断更新专业知识和技能，以满足市场需求。

进一步来说，高等职业教育与企业紧密合作是培养高技能人才的关键。通过校企合作，高等职业教育能够根据企业需求调整教学内容，确保学生在毕业时具备企业需要的技能。例如，黑龙江职业学院与华为公司合作，成立了龙职·华为ICT产业学院，为学生提供最新的ICT技术（information and communications technology，信息与通信技术）培训。学生在毕业时不仅掌握了理论知识，还具备了实战经验，极大地提高了就业竞争力。

最后，新质生产力的发展离不开数字化和国际化。高等职业教育需要引入数字化教学工具和智能化设备，提供前沿技术的技能培训；同时，通过国际合作，引进先进的教育理念和教学方法，提升教育质量。例如，苏州工业职业技术学院通过引进国外先进的3D打印技术设备，开设了3D打印课程，培养学生在这一新兴领域的技能。此外，该学院还与多所国际知名高校合作，开展师生交流项目，提高了教育的国际化水平。

二、实践桥梁

在新质生产力发展的背景下，高等职业教育不仅是技能培养的基石，更是将理论转化为实践的桥梁。高等职业教育通过多种形式的实践活动，帮助学生将课堂知识运用到实际工作中，从而提高他们的综合素质和职业能力。

第一，校企合作是高等职业教育的重要组成部分。这种合作模式通过与企业的紧密合作，使高职院校能够为学生提供丰富的实践机会，使他们在真实的工作环境中积累宝贵的经验。校企合作不仅有助于学生更好地理解和掌握最新的行业技术，还能让他们提前适应未来的职场环境，培养他们的实际操作能力和职业素养。同时，这种合作关系为企业带来了诸多好处，如企业可以通过这种方式提前选拔和培养人才，增强自身的竞争力和创新能力，形成双赢局面。

第二，项目导向学习是一种将实际项目引入课堂的创新教学模式。这种方法使学生能够通过参与和操作真实的项目，从中学习和运用理论知识，同时培养解决实际问题的能力。在项目的每个阶段，学生都需要进行调查、设计、实施和评估，从而全面提升动手能力和综合素质。项目导向学习不仅提高了学生的实践技能，还激发了他们的创新意识和创造力，使他们在面对复杂问题时能够运用所学知识进行分析和解决。这种教学方式还可以增强学生的团队合作精神和沟通能力，因为他们需要在项目中与同学和导师密切合作，共同完成任务，从而为其未来的职业生涯打下坚实的基础。

第三，高等职业教育非常重视实训基地的建设，这些基地通常配备先进的设备和技术，旨在为学生提供尽可能接近真实工作环境的训练场所。通过模拟真实的工作情境，学生在校期间便能够体验到实际工作中的各种挑战和压力，从而更好地迎接未来的职业生涯。这种实训模式不仅有助于学生掌握具体的实际操作技能，还能帮助他们提高解决问题的能力和应对突发情况的反应能力。此外，通过在实训基地的反复练习，学生能够不断改进自己的工作方法和技巧，从而提高职业素养和整体工作能力。实训基地的建设和使用，使得高等职业教育更加注重学生的全面发展，为他们提供了一个从理论到实践的完整学习过程，确保他们在毕业时能够迅速适应职场环境。

第一章 新质生产力与高等职业教育适应性转型概述

第四，在全球化背景下，高等职业教育积极开展国际交流与合作，不断推进教育的国际化进程。通过引进国际先进的教育资源和教学理念，高职院校致力于提升教育质量，拓宽学生的全球视野。学校与国外知名院校和企业建立合作关系，共同开发课程和项目，使学生能够接触到最前沿的行业发展动态。学生通过参与国际交流项目，不仅能够了解和学习国外的先进技术和管理经验，还能亲身体验不同文化背景下的工作环境，增强跨文化交流能力。这种国际化的学习经历，不仅丰富了学生的知识体系，还培养了他们的全球竞争力和适应力。此外，高等职业教育还通过组织国际研讨会、学术交流和师资培训，推动教育创新和教学改革，确保学生能够获得与国际接轨的优质教育资源。通过这些努力，高等职业教育不断提升自身的国际声誉，为培养具有国际视野和竞争力的高素质人才奠定了坚实基础。

第五，高等职业教育还特别注重培养学生的创新创业能力，这成为其教育体系的重要组成部分。通过开设专门的创业课程，学生可以系统地学习创业所需的理论知识，包括市场分析、商业计划书撰写、财务管理等方面的内容。与此同时，高职院校还定期组织各种形式的创业大赛，提供平台让学生展示他们的创业想法和项目，接受专家和同行的评价和建议。此外，高职院校还积极建设创业孵化器，提供资金支持、办公场所和导师指导，为有志于创业的学生提供全面的支持和服务。通过多种方式的努力，高职院校不仅激发了学生的创新意识，还帮助他们掌握了实际的创业技能，如风险管理、团队建设和市场推广等。这种全面的创业教育，不仅为学生未来的职业发展提供了更多的选择和可能，也有助于培养更多具有创新精神和实践能力的创业人才，为社会经济的发展注入新的活力。通过不断完善创新创业教育体系，高等职业教育为学生打造了一个从理论学习到实践操作的完整平台，助力他们实现个人职业梦想。

三、创新孵化器

在新质生产力发展的背景下,高等职业教育不仅需要培养学生的基础技能,还需要为其提供创新创业的平台和支持。作为创新孵化器,高等职业教育通过多样化的创新教育和创业支持,推动学生将创意转化为实际的商业成果,从而促进新质生产力的发展。

第一,校企合作是高等职业教育创新孵化的重要方式。通过与企业的紧密合作,高职院校能够为学生提供丰富的创新资源和实践机会。例如,山东经贸职业学院与海程邦达国际物流有限公司合作,建立了一个混合所有制的校内生产性实训基地。这个基地不仅提供先进的技术设备和资源,还通过真实的业务场景,帮助学生将创意转化为实际的产品。学生在企业的支持下,能够从创意形成到产品开发,获得全面的实践经验。

第二,创新创业教育作为高等职业教育的重要组成部分,具有举足轻重的地位。高职院校通过多种渠道和方式,全面推动创新创业教育的发展。高职院校通过开设一系列的创新创业课程,让学生系统地掌握创业所需的知识和技能;积极组织各类创业大赛,通过竞赛的形式激发学生的创新意识和创业精神;提供展示和交流的平台,使学生在实践中提升自己的能力;设立创业孵化器,为有志于创业的学生提供全方位的支持。这些措施不仅帮助学生将创新想法转化为实际项目,还培养了他们的商业思维和管理能力。

第三,建设多层次的创新平台是推动高等职业教育创新孵化的重要措施。高职院校通过搭建多层次、多类型的协同创新平台,如职教城、产教园区、科创基地和产业学院,创造一个充满活力的创新生态系统。这些平台不仅为师生提供了科研开发和技术创新的场所,还促进了科研成果的实际转化和应用。在职教城中,各类职业院校和企业紧密合作,形成一个资源共享、优势互补的教育和产业聚集区。产教园区则通过整合教育资源和产业资源，推动教学与生产实践的深度融合。科创基地作为技术研发和创新的核心，提供了先进的实验设备和科研支持，激发了师生的创新潜力。产业学院则通过校企合作的模式，将企业的真实项目引入教学，使学生能够在实际操作中提升自己的技能和创新能力。

第四，高等职业教育需要完善创新科技成果转化机制。通过与政府、企业和科研机构的合作，高职院校能够构建科技成果转化平台，推动创新成果的商业化。这种合作模式推动了科技成果的转化和商业化应用，提升了学生的创新能力和就业竞争力。

第五，国际交流与合作是高等职业教育创新孵化的重要路径。通过引进国际先进的教育资源和教学理念，高职院校能够提升教育质量，拓宽学生的全球视野。高职院校与全球知名教育机构和企业建立紧密合作关系，开展多种形式的国际交流活动，如联合培养项目、师生交换计划和国际学术研讨会等。这些交流活动不仅使学生能够了解和学习国外的先进技术和管理经验，还能亲身体验不同文化背景下的教学方法和职业环境，从而增强他们的跨文化交流能力和适应能力。通过邀请国际专家来校讲学和参与科研项目，高职院校进一步促进了教学和科研的国际化发展。这种国际化的教育环境，不仅丰富了学生的学习经历，提升了他们的综合素质和创新能力，还为他们未来在国际舞台上的发展打下坚实的基础。通过持续深化国际交流与合作，高职院校不断提高自身的办学水平和国际声誉，为学生提供更加广阔的发展空间和更多机会，培养具有全球视野和竞争力的高素质人才。

四、行业融合者

在新质生产力的发展背景下，高等职业教育不仅是培养技能型人才的重要基地，也是促进产业与教育深度融合的关键力量。高等职业教育作为行业融合者，通过校企合作、产教融合、科教融汇等多种方式，推动教育资源和产业资源的有效整合，促进技术创新和产业升级，从而提升新质生产力的发展水平。

第一，校企合作是高等职业教育实现行业融合的重要途径。通过与企业的紧密合作，高职院校能够深入了解和掌握最新的行业需求和技术动态，从而及时调整教学内容和课程设置，确保培养出符合企业需求的高素质技能型人才。高职院校通过与企业共同开发课程和教材，邀请行业专家参与教学，并安排学生到企业进行实习和实训，使学生能够在校期间就接触到真实的工作环境并进行实际操作，积累宝贵的实践经验。此外，企业通过与高职院校的合作，也能够提前接触和选拔优秀的人才，降低人力资源成本，提高招聘效率。这种双向互动的合作模式，不仅提升了高等职业教育的实际效果，也促进了企业与教育的深度融合，为社会培养出更多具有实际操作能力和创新精神的专业人才。同时，校企合作还推动了科研项目的联合开展，促进了技术成果的转化和应用，提升了高职院校的科研水平和社会服务能力。通过不断深化校企合作，高等职业教育能够更好地适应市场需求，为经济发展和产业升级提供有力的人才支撑。

第二，产教融合是高等职业教育促进技术创新和产业升级的重要手段。通过与企业、科研机构和政府的多方合作，高职院校能够构建起一个全面的产教融合平台，实现教育链、人才链、产业链和创新链的有机衔接。高职院校通过与企业共同开展技术研发项目，推动科研成果的转化和应用，不仅提升了学校的科研水平，还推动了企业的技术创新和产业升级。与科研机构的合作，增强了高职院校的科研实力，使其教学内容更加前沿和丰富。同时，高职院校通过与政府的合作，争取政策和资金支持，建设高水平的实验室和实训基地，为教师和学生提供良好的教学和科研环境。通过这些多方合作，高职院校能够培养出具有创新精神

第一章　新质生产力与高等职业教育适应性转型概述

和实践能力的高素质人才，满足产业发展的需求。这种产教融合的模式不仅促进了教育与产业的深度融合，还推动了区域经济的发展和产业结构的优化。通过不断深化产教融合，高等职业教育在推动技术进步和经济发展中发挥了重要作用，为社会培养出更多具有创新能力和实际操作技能的专业人才。

第三，科教融汇是高等职业教育提升创新能力的重要方式。通过整合教育资源和科研资源，高职院校能够显著提升自身的科研能力和教育水平，为新质生产力的发展提供有力的科技支撑。高职院校通过与科研机构和企业的紧密合作，打造共享的科研平台和创新基地，促进教师和学生共同参与科研项目，培养他们的科研素养和创新能力。这种资源整合不仅使教学内容更加丰富和前沿，还为学生提供了更多的实践和科研机会，使他们能够在实际操作中掌握最新的技术和方法。此外，高职院校还通过建立专门的科研机构和实验室，吸引高水平的科研人才，开展前瞻性的研究工作，推动科技成果的转化和应用。通过科教融汇，高职院校能够不断提升自身的科研实力和教学质量，培养出更多具有创新能力和实践经验的高素质人才。这种提升不仅有助于学生个人的职业发展，也为社会的科技进步和经济发展提供了强有力的支持。通过持续推进科教融汇，高等职业教育在提升自身竞争力的同时，也为区域经济和社会发展注入了新的活力。

第四，高等职业教育需要通过构建行业共同体，实现教育资源和产业资源的深度融合。通过创建行业联盟和产教综合体，高职院校能够与企业和科研机构形成紧密的合作关系，共同推进技术创新和产业升级。这种合作模式使高职院校不仅能够实时获取行业的最新动态和需求，还能直接参与到企业的技术研发和产品创新过程中，从而使教学内容更加贴近实际应用。行业共同体的构建还包括定期举办行业论坛和技术交流会，邀请企业高管和科研专家分享最新的技术成果和市场趋势，为师生提供丰富的学习和交流机会。此外，高职院校通过与行业联盟合作，共同开发新的课程和教材，推动教学内容的更新和优化，使学生能够掌握最新的技术和行业标准。产教综合体的建立，为学生提供了一个集学习、实训和科研于一体的综合平台，增强了他们的实践能力和创新精神。通过这些努力，高等职业教育不断提升自身的教育质量和社会影响力，为产业的发展和技术进步提供了有力的人才保障和技术支持。通过行业共同体的建设，高职院校不仅实现了资源的优化配置，也为社会培养出更多具有实践经验和创新能力的高素质人才。

第五，高等职业教育在促进区域经济发展中发挥着重要作用。通过与地方政府和企业的紧密合作，高职院校能够根据区域经济发展的实际需求，量身定制相应的人才培养方案，培养出满足区域经济发展需要的高素质技能型人才。高职院校与地方政府合作，深入调研区域经济的特点和产业结构，确保人才培养与地方经济发展目标高度契合。通过与企业的合作，高职院校能够及时了解行业的技术需求和岗位要求，调整课程设置和教学内容，使学生所学知识与实际工作需求无缝对接。此外，高职院校还积极参与地方经济建设项目，为地方经济发展提供技术支持和人才保障，助力地方产业升级和经济转型。学校通过举办各类职业技能大赛、创业论坛和就业洽谈会，为学生提供展示才能和与企业交流的平台，促进学生就业和创业。通过这些举措，高职院校不仅提升了自身的办学水平和社会影响力，也为区域经济的发展注入了新的动力。高职院校培养的高素质技能型人才成为推动区域经济发展、促进社会进步的重要力量。通过持续深化与地方政府和企业的合作，高等职业教育在服务区域经济、推动社会发展的道路上不断迈出坚实的步伐。

五、产业舵手

在新质生产力发展的背景下，高等职业教育不仅是培养技能型人才

第一章　新质生产力与高等职业教育适应性转型概述

的重要基地，也在产业转型和技术创新中扮演着重要的角色。作为产业舵手，高等职业教育通过多种方式推动产业升级和经济发展，为新质生产力的发展提供强大的动力支持。

第一，高等职业教育在促进产业转型升级中发挥着重要作用。通过与产业界的紧密合作，高职院校能够将最新的技术和工艺融入教学，培养满足产业需求的高素质技术技能人才。例如，高等职业教育通过实施产教融合战略，与企业共同开发课程和教材，确保学生掌握最前沿的行业技术，从而能够在毕业后迅速融入企业，推动产业转型升级。

第二，高等职业教育在推动技术创新和科技成果转化方面也发挥着重要作用。高职院校通过建立创新平台和科技孵化器，促进科技成果的转化和应用。例如，高职院校与地方科技企业合作，建立技术创新中心，为学生提供科研实践和技术转化的平台。这种合作模式不仅能提升学生的创新能力，也能推动科技成果的快速转化和应用，促进产业的技术进步。

第三，高等职业教育还通过构建产业共同体，促进教育资源和产业资源的深度融合。通过创建行业联盟和产教综合体，高职院校能够与企业和科研机构形成紧密的合作关系，共同推进技术创新和产业升级。例如，高职院校与多家行业龙头企业合作，建立行业创新联盟，共同制定行业标准和技术规范，推动整个行业的技术进步和产业升级。这种产业共同体模式不仅能提升高职院校的办学水平，也能推动行业的整体发展。

第四，高等职业教育在区域经济发展中也扮演着重要的角色。通过与地方政府和企业的合作，高职院校能够根据区域经济发展的实际需求，制订相应的人才培养方案，培养适应区域经济发展的高素质技能型人才。例如，高职院校与地方政府合作，开展多项区域经济发展项目，为当地企业提供技术培训和人才支持，推动区域经济的快速发展。这种区域合作模式不仅能提升高等职业教育的社会服务能力，也能促进地方经济的可持续发展。

第五，高等职业教育在新兴产业和未来产业的培育中也发挥着重要作用。通过引进先进的技术和教育理念，高职院校能够培养适应新兴产业需求的高素质人才。例如，高职院校与国际知名企业合作，开设面向未来产业的专业课程，为学生提供最新的技术培训和职业指导。这种新兴产业教育模式不仅能提升学生的就业竞争力，也能为未来产业的发展提供源源不断的人才支持。

第二章 新质生产力的理论基础与教育适应性理论

第一节　马克思主义生产力理论

一、马克思主义生产力理论概述

（一）生产力的定义与构成

生产力是人类社会发展的根本动力，是人类在社会实践中运用工具和技术改造自然、生产物质财富的能力。马克思主义认为，生产力的构成主要包括以下几个方面：

第一，劳动者。劳动者是生产力的主体，是一切生产活动的执行者。马克思主义认为，劳动者的素质、技能和创造力是生产力的重要组成部分。研究表明，劳动者素质的提升对生产力的影响显著。哈佛大学的一项研究指出，受过高等教育的劳动者在工作效率和创新能力上显著高于未受过高等教育的劳动者[1]。此外，根据联合国教育、科学及文化组织（United Nations Educational, Scientific and Cultural Organization, UNESCO）的数据，全球劳动者受教育程度的提升直接推动了各国GDP的增长，尤其是在发展中国家[2]。这表明，教育投资不仅有助于个人发展，也有助于提升国家整体的生产力水平。

---

[1] SMITH J. The Role of Higher Education in Enhancing Workforce Productivity[J]. Harvard Business Review, 2020, 98（2）: 123-137.

[2] UNESCO. Global Education Monitoring Report 2019: Migration, Displacement and Education-Building Bridges, Not Walls[M]. [2024-07-18]. United Nations: 2018-12-18.

第二章　新质生产力的理论基础与教育适应性理论

第二，劳动工具和技术。劳动工具和技术是劳动者用来改造自然、进行生产的物质手段，它们的发展水平直接影响生产力的发展水平。科学技术的进步，以及劳动工具和技术的不断更新和升级，很大程度上推动了生产力的发展。据统计，工业革命期间，蒸汽机的发明和应用使得生产效率提高了大约500%[①]。现代科技的发展，如信息技术和人工智能，继续推动着生产力的提升。麦肯锡全球研究院的报告指出，人工智能技术的广泛应用预计将使全球生产力提高40%[②]。另外，国际机器人联合会（International Federation of Robotics, IFR）发布的报告显示，自2015年以来，工业机器人数量每年增长超过15%，大幅提升了制造业的生产效率。

第三，劳动对象。劳动对象是指自然界中尚未被人类劳动改造的部分，它们是生产活动的基础和前提。劳动对象的丰富程度和可获得性也在一定程度上决定了生产力的水平。例如，我国丰富的矿产资源为工业发展提供了重要基础。据统计，我国拥有全球近30%的稀土资源，这为电子产品制造业的发展提供了有力的原材料保障[③]。另外，农业方面的研究表明，土壤肥力和水资源的可获得性是影响农业生产力的关键因素。美国农业部的一项研究显示，灌溉技术的改进和土壤改良措施使得农业产量在过去50年中增长了约70%[④]。

第四，生产关系。生产关系是指生产过程中人与人之间的社会关系，

[①] JOHNSON D. The Impact of the Steam Engine on Production Efficiency During the Industrial Revolution[J]. Economic History Review, 2018, 71（1）: 45-68.

[②] McKinsey Global Institute. Artificial Intelligence and the Future of Work[EB/OL]. [2024-07-28]. https://www.mckinsey.com/mgi.

[③] WANG L, ZHANG H. China's Rare Earth Resources and Industrial Development[J]. Resources Policy, 2019, 62: 418-427.

[④] USDA. Agricultural Productivity in the United States[EB/OL]. [2024-07-24] https://usda.gov.

包括生产资料的所有制形式、分配制度等。虽然生产关系本质上属于上层建筑范畴,但它对生产力的发展有着重要的影响,生产关系的合理调整可以促进生产力的发展。研究表明,生产关系的合理调整可以显著提高生产力。例如,瑞典的劳动者参与管理制度使得企业生产效率提高了约20%[1]。此外,德国的企业共同决策制度被证明有效提升了企业的创新能力和市场竞争力——相关研究指出,这种制度使得企业的创新投入增加了约30%[2]。这进一步证明了生产关系的优化对生产力提升的巨大推动作用。

(二)生产力发展的历史与阶段

生产力的发展是一个动态的历史过程,是人类社会不断进步的主要动力。根据马克思主义理论,生产力的发展经历了不同的历史阶段,每个阶段都具有不同的特征和规律。生产力的提高不仅依赖于科技进步,还与劳动者素质、劳动工具、劳动对象及生产关系密切相关。数据显示,从19世纪到20世纪初,全球工业生产力提高了大约2000%,这在很大程度上归功于工业革命带来的技术进步[3]。

在原始社会,生产力水平相对低下,人类主要依靠采集和狩猎获取生存所需的资源。劳动工具简陋,劳动者依靠自身的体力和简单的工具进行生产。这一阶段的生产力水平非常有限,据考古研究,早期人类使用的石器工具制作简单,功能单一,生产效率极低。例如,早期人类依靠打制石器进行狩猎和采集,这种工具虽然标志着人类开始有意识地利用自然资源,但其生产效率远低于后期的金属工具。此外,原始社会的

---

[1] BJORKLUND A. Labor Participation and Management in Sweden[J]. Journal of Economic Perspectives, 2015, 29 (3): 67-85.

[2] HOFFMANN R, MÜLLER W. Co-Determination and Innovation in Germany[J]. Industrial Relations Journal, 2017, 48 (3): 223-241.

[3] Johnson, D. The Impact of the Steam Engine on Production Efficiency During the Industrial Revolution[J]. Economic History Review, 2018, 71 (1): 45-68.

第二章　新质生产力的理论基础与教育适应性理论

人口密度低，资源获取方式主要依赖自然环境的供给，生产力水平受到严重限制。

随着社会的发展，奴隶制社会逐渐形成。此时，农业开始出现，生产工具和技术有所进步，但生产关系不平等，生产力发展受到限制。考古证据表明，在奴隶社会，铁器和农业技术的发展使得生产力有所提高，但奴隶制度导致了社会资源分配的极端不平等，严重制约了社会生产力的进一步发展。例如，在古埃及和古希腊的奴隶社会中，尽管金属工具的使用和灌溉技术的引入使得农业生产有所提高，但大部分生产成果被少数奴隶主阶级所占有，广大奴隶没有生产积极性，这在很大程度上限制了生产力的进一步提升。

在封建社会，农业成为主要的生产方式，生产工具和技术进一步发展。土地成为主要的生产资料，劳动者（农民）被束缚在土地上，虽然生产力有所提高，但由于生产关系的束缚，发展速度依然较慢。中世纪晚期的农业革命，包括三圃制和牛耕技术的应用，显著提升了农业生产效率，但封建制度下农民的沉重赋税和劳役负担限制了生产力的进一步发展。例如，在中世纪的欧洲，三圃制的应用使得农田利用率大大提高，农业产量也随之增加，但由于土地归封建领主所有，农民必须将大部分收成作为租金上交，生产力的提升无法真正改善农民的生活条件，社会经济发展也因此受到限制。

资本主义社会是生产力发展极快的阶段。随着工业革命的到来，机械化生产取代了手工劳动，科学技术迅猛发展，生产工具和技术不断更新换代。资本主义的生产关系促进了生产力的快速发展，但也带来了严重的社会问题，如贫富差距、资源浪费等。统计显示，工业革命期间，英国的工业生产力增长了约300%，但与此同时，社会贫富差距显著扩大。例如，工业革命时期，蒸汽机的发明和广泛应用极大地提高了生产效率，使得大规模生产成为可能，制造业迅速扩张。然而，在资本主义制度下，生产资料集中在少数资本家手中，工人阶级的劳动成果大部分被资本家剥夺，工人的劳动条件和生活水平并未随着生产力的提高而改善，反而在某些情况下变得更加恶劣。

在社会主义社会，生产资料公有制的建立使得生产关系得到了根本性的调整。生产力的发展不仅依赖技术进步和劳动者的努力，更注重社会整体的协调发展，追求公平与效率的统一。20世纪中期，苏联和中国在实施社会主义制度后，集中力量进行工业化和科技创新，生产力水平有了显著提升。例如，中国在改革开放后的短短几十年间，GDP年均增长率超过9%，极大地提升了国家的整体生产力[①]。中国在实行社会主义制度后，通过土地改革、工业国有化和计划经济等一系列措施，迅速建立了完整的工业体系和科技创新体系，使得生产力水平有了显著提升。同时，通过社会主义制度下的再分配机制，社会财富得到了更为均衡的分配，社会经济实现了快速发展和相对公平。

马克思主义认为，生产力的发展是一个历史的、辩证的过程，每个阶段都有其特定的生产关系和社会结构。生产力的发展推动了社会形态的演变，而社会形态的变化又反作用于生产力的发展。理解这种辩证关系是理解社会进步的关键。例如，资本主义向社会主义的过渡，正是因为资本主义生产关系在一定阶段无法继续适应生产力的发展，从而导致了社会变革。对生产力发展历史进行分析，可以更深入地理解社会变迁的内在动力和规律。

（三）生产力与生产关系的辩证关系

马克思主义认为，生产力与生产关系之间存在着辩证统一的关系。生产力是生产活动的物质基础，生产关系是人们在生产过程中形成的社

---

① 诺顿.中国经济：转型与成长[M].安佳，译.上海：上海人民出版社．

第二章 新质生产力的理论基础与教育适应性理论

会关系，两者相互作用，共同推动社会的发展。生产力的发展水平决定了生产关系的性质和形式。当生产力处于低级阶段时，生产关系相对简单，如原始社会的氏族公社。随着生产力的发展，生产关系也逐渐复杂化，如奴隶制、封建制和资本主义生产关系的出现和发展。生产力的发展要求生产关系的适应和调整，否则将会阻碍生产力的进一步发展。

在《资本论》中，马克思详细阐述了生产力和生产关系的相互关系。他指出，生产力是指人类改造自然、创造物质财富的能力，包括劳动者、劳动工具和劳动对象。生产关系则是指人们在生产过程中形成的社会关系，包括生产资料的所有制关系和人们在生产过程中的相互关系。例如，在封建社会，土地是主要的生产资料，农民被束缚在土地上，形成了封建的生产关系。这种生产关系在一定时期促进了农业生产力的发展，但当生产力的发展超出封建生产关系的框架时，生产关系就成了生产力发展的障碍，最终导致了社会变革。

生产关系不仅由生产力决定，也反作用于生产力。合理的生产关系能够促进生产力的发展，如资本主义生产关系在工业革命时期推动了生产力的快速发展。然而，当生产关系与生产力发展不相适应时，生产关系将成为生产力发展的桎梏，必须进行变革。例如，在《政治经济学批判》中，马克思分析了资本主义生产关系如何在一定阶段促进生产力的发展，但随着资本积累和集中，生产关系变得越来越不适应生产力的发展，导致经济危机和社会矛盾的加剧。

生产力与生产关系之间的矛盾运动是社会发展的动力。当生产力与生产关系相适应时，社会呈现稳定发展状态；当生产力的发展超越了现有生产关系的框架时，矛盾加剧，社会变革成为必然。这种矛盾运动推动了社会形态的更替，如从封建社会向资本主义社会的转变，从资本主义社会向社会主义社会的过渡。马克思在《资本论》中指出，生产关系的总和构成社会的经济结构，是法律和政治上层建筑的现实基础，而生产力的发展最终决定了社会形态的变革。例如，工业革命推动了资本主义生产关系的形成，而当资本主义生产关系无法继续适应生产力的发展时，社会变革的压力就会增大，推动社会向更高级的形态转变。

分析生产力与生产关系的辩证关系，可以更深入地理解社会变迁的内在动力和规律。这种理论为理解历史发展提供了科学的框架，也是马克思主义政治经济学的重要组成部分。马克思的理论不仅解释了历史发展的规律，也为理解现代社会的经济现象提供了重要的理论工具。现代社会中的技术革命和信息化进程，同样可以通过生产力与生产关系的辩证关系来解释。这些新技术的出现和应用，既推动了生产力的发展，也对现有的生产关系提出了新的挑战，要求进行相应的调整和变革。

二、教育适应性理论基础

（一）教育适应性的定义与重要性

教育适应性理论源于20世纪初进步教育运动中的个体化教学理念，卡罗尔·安·汤姆林森（Carol Ann Tomlinson）系统化和推广了这一理论。该理论强调根据学生的个体差异调整教学策略。而后，该理论不断得到发展和完善。现代教育适应性理论是指教育系统和教育实践能够根据外部环境的变化和内在需求的转变，及时调整和改进自身的结构、内容、方法和策略，以有效应对各种挑战，实现教育目标。教育适应性强调教育系统的灵活性和动态性，要求教育机构和教育者迅速响应社会经济发展、科技进步以及学生个体需求的变化。随着科技的迅猛发展和全球化进程的加快，社会对人才的需求不断变化。教育适应性可以帮助教育系统及时更新课程内容和教学方法，使学生能够掌握最新的知识和技能，更好地满足社会需求。通过教育适应性，教育机构可以根据学生的个体差异和发展需要，提供个性化的教育服务，促进学生的全面发展。

研究表明，适应性教学策略能够显著提高学生的学习效果和学习兴趣[①]。此外，教育适应性有助于缩小教育差距，保证所有学生都能获得适合自己的教育机会。特别是在多元文化背景下，教育适应性能够促进不同文化群体的融合，维护社会和谐与稳定。教育适应性作为现代教育发展的一个重要方向，已经成为提升教育质量、促进教育公平和实现教育目标的重要手段。

教育适应性的重要性体现在多个方面。首先，应对快速变化的社会需求是教育适应性核心价值之一。现代社会的发展速度前所未有，教育系统必须具备快速反应和调整的能力，才能培养出满足时代要求的人才。其次，教育适应性提升了教育质量。个性化的教育服务和适应性教学策略不仅提高了学生的学习效果和兴趣，还促进了他们的全面发展。研究显示，个性化和适应性教学能够显著提升学生的学业表现。再次，教育适应性还促进了教育公平，确保不同背景和能力的学生都能获得适合自己的教育机会。在多元文化背景下，这一特性尤为重要，有助于社会和谐与稳定。最后，教育适应性增强了教育系统的可持续发展能力。这种韧性和适应性对于应对未来的不确定性至关重要。特别是在高等职业教育领域，教育适应性尤为重要，因为职业教育需要紧密结合产业发展和劳动力市场需求，培养具有实践能力和创新精神的高素质技术技能人才。

（二）教育适应性理论的主要观点

教育适应性理论强调教育系统和教育实践需要根据外部环境和内部需求的变化，灵活调整和改进，以实现教育目标和促进学生全面发展。这一理论基于以下几个关键观点：

[①] WANG X, LIU Y. Adaptive Learning: Research and Practice[J]. Journal of Educational Technology, 2019, 18 (3): 45-58.

首先，教育的个性化是教育适应性的核心理念之一。教育适应性理论认为，每个学生都有独特的学习需求和发展潜力，教育应当根据学生的个体差异和兴趣爱好，为其制定个性化的教育方案和教学策略。个性化教学不仅包括教学内容的差异化，还涵盖教学方法、学习资源和评估方式的多样化。研究表明，个性化教学不仅能提高学生的学习效果，还能增强他们的学习兴趣和自主性。例如，通过使用学习分析技术，教育者可以跟踪和分析每个学生的学习行为和进度，从而提供更有针对性的教学支持和进行更为合理的资源分配。这种方法不仅能提高学生的学习效果，还能提高学生的自主学习能力和促进学生终身学习习惯的养成。

其次，教育适应性强调教育过程的动态性和灵活性。教育适应性理论认为，教育系统应当具备动态调整的能力，根据社会经济、科技进步和劳动力市场的变化，不断更新和改进教育内容和教学方法。例如，随着信息技术的发展，许多教育机构采用了线上线下结合的混合教学模式，以提高教学效果和学生参与度。这种混合教学模式不仅突破了传统课堂的时间和空间限制，还提供了丰富的数字化学习资源，使学生能够根据自己的学习节奏和需求进行学习。此外，教育适应性还强调教师的专业发展和教学能力提升，通过持续的培训和支持，帮助教师掌握和运用新的教学技术和方法。

再次，教育适应性注重教育的公平性和包容性。教育适应性理论主张，通过提供多样化和灵活的教育资源和支持，保证所有学生都能获得公平的教育机会，尤其是那些处于弱势地位的学生群体。这一观点特别强调教育系统要关注和满足不同文化、背景和能力学生的需求，促进社会和谐与稳定。例如，针对有特殊教育需要的学生，教育机构可以提供个性化的教育计划、专门的教学资源和支持服务，确保他们能够在公平和包容的环境中学习和成长。此外，教育适应性还倡导建立多元文化教育环境，尊重和包容不同文化和背景的学生，促进他们跨文化理解和交

第二章 新质生产力的理论基础与教育适应性理论

流能力的提升。

最后,教育适应性强调教育系统与社会发展的紧密联系。教育适应性理论认为,教育应当服务于社会发展,培养具有创新能力和实践技能的人才。为此,教育系统需要密切关注产业发展和劳动力市场的变化,及时调整专业设置和课程内容,以培养满足社会需求的高素质人才。高职院校可以与行业企业合作,开展校企合作项目和实践课程,让学生在真实的工作环境中锻炼技能,积累实践经验。同时,高职院校还应加强与政府和社区的合作,了解社会发展的动态需求,及时调整和更新教育策略和方案,以更好地服务社会经济的发展。

教育适应性理论强调教育的个性化、动态性、公平性和与社会发展的紧密联系,提出了一套全面、灵活和包容的教育理念。这一理论为现代教育的改革和发展提供了重要的指导和理论支持。通过提高教育适应性,教育系统不仅能够更好地满足学生的个体需求,还能提高教育质量和效能,促进社会公平和进步,推动教育事业的可持续发展。

(三)教育适应性理论在高等职业教育中的应用

教育适应性理论在高等职业教育中的应用具有重要意义。高等职业教育的目标是培养具有实际操作能力、创新精神和高度适应力的高素质技能型人才,这种培养目标的实现离不开教育适应性理论的科学指导和实践框架。教育适应性不仅强调灵活性和动态调整,还着重于个性化的教学设计,以满足不同学生的需求和社会发展的多样化需求。在新质生产力培育中,随着科技的迅速发展和产业结构的调整,高等职业教育的内容和形式也必须与时俱进,才能真正满足社会对技术技能人才的迫切需求。教育适应性理论提供了一个系统的方法论,使高职院校能够在变化的环境中保持敏捷反应能力,确保教育内容始终与劳动力市场和产业发展的需求相契合。这种理论的应用不仅能提升教育质量,还能有效缩短学生从学校到工作岗位的过渡期，使其在毕业后能够迅速适应职场要求。

　　第一，教育适应性理论在高等职业教育中的应用显著体现在课程设置的动态调整方面。高等职业教育以培养实用性人才为核心，因此，课程设置必须紧密结合产业的发展动向和劳动力市场的实际需求。然而，随着科技进步和社会经济的不断变化，市场需求和行业标准也在快速演变，传统的固定课程设置已难以满足这种快速变化的需求。通过应用教育适应性理论，高职院校可以定期开展市场调研，了解当前行业动态和未来技术发展趋势，从而实现课程内容的及时更新和调整。例如，某些高职院校定期与行业专家、企业合作伙伴开展研讨会，及时获取行业一线的信息，并根据这些信息调整课程的教学重点和内容，以确保学生能够学到最前沿的知识和技能。这样的动态调整不仅保证了教育内容的实用性，还使得学生在毕业时能够具备直接投入工作所需的能力，减少了企业在员工培训上的时间和成本。

　　第二，教育适应性理论特别强调个性化教学，这对提高教学效果起到了至关重要的作用。在高等职业教育中，学生的背景、兴趣、学习能力和未来职业规划往往各不相同，这种多样性要求教育者采用灵活的教学方法来满足每个学生的个体需求。通过教育适应性理论，教育工作者能够设计出多样化的教学策略，如分层教学、差异化教学和个性化辅导等，以更好地照顾不同层次学生的学习。例如，北京电子科技职业学院通过实施分层教学，将学生分成不同的学习小组，有针对性地为其提供教学资源和学习支持，以帮助各层次的学生克服学习中的难点。这种方式不仅提高了学生的学习效果，还增强了他们的学习积极性和自信心。此外，通过引入项目式学习和实践教学，学生能够在真实的工作情境中应用所学知识，这不仅提高了他们的实践能力，也增强了他们的创新意识和解决实际问题的能力，从而使其更好地为未来的职业生涯做好准备。

第二章　新质生产力的理论基础与教育适应性理论

第三，教育适应性理论在高等职业教育中还强调与企业和社区的紧密合作，这对增强学生的就业能力具有重要意义。通过校企合作，高职院校能够邀请企业的专家参与课程设计和教学活动，使教学内容更加贴近实际工作需求。此外，企业还可以为学生提供实习和就业机会，使他们在校期间就能够接触到真实的工作环境，积累宝贵的实践经验。例如，上海交通职业技术学院与上汽集团合作，创建了"订单班"模式，学生在入学时便与企业签订就业协议，在完成学业后可以直接进入合作企业工作。这种模式不仅确保了学生的就业率，还实现了教育与就业的无缝对接。这种紧密的合作关系使得学生在毕业后能够快速适应职场，缩短了从学校到工作的过渡期，同时为企业提供了源源不断的高素质技能型人才，实现了校企双方的双赢。

第四，教育适应性理论在高等职业教育中的应用还体现在现代信息技术的广泛使用上。随着信息技术的快速发展，在线学习平台、虚拟实验室、智慧教室等现代教育技术的应用，使得教育变得更加灵活和高效。学生可以通过在线课程、虚拟实验等多种方式进行自主学习，并根据自己的学习进度和需求选择适合自己的学习内容，这大大提高了学生学习的自主性和灵活性。例如，在新冠疫情防控期间，许多高职院校迅速转向远程教学，通过在线平台确保教育活动的连续性和教学质量。学生不仅能够在家中继续他们的学习，还可以通过在线讨论、虚拟实验等方式保持与教师和同学的互动。这种在线学习方式不仅有效应对了疫情防控期间的教育挑战，还为未来的教育模式创新提供了宝贵的经验和启示。

第五，教育适应性理论在高等职业教育中的应用还包括对教师的专业发展和培训。教师在教育过程中扮演着关键的角色，他们的教学能力和专业素养直接影响着学生的学习效果。因此，通过教育适应性理论，高职院校可以为教师提供持续的职业发展机会，帮助他们掌握最新的教学方法和技术，从而提高整体的教学水平。例如，高职院校可以定期举办教师培训工作坊，邀请教育专家分享最新的教学理论和实践经验，或者鼓励教师参加行业研讨会和学术交流，以使教师获取最新的行业动态和教育技术。此外，校内教师之间也可以通过团队合作和经验分享，互相学习和借鉴，提升自身的教学能力。通过这样的职业发展和培训计划，教师能够更好地适应教育环境的变化，采用更加灵活和创新的教学方法，从而有效提升学生的学习效果和就业能力。

第二节 教育经济学理论

一、教育投资与回报分析

教育投资与回报是指通过对教育系统进行投入，以期获得个人和社会层面的多重收益。教育投资不仅对个人收入和职业发展具有直接影响，还通过提升整体生产力和推动技术进步，对社会产生广泛的积极效应。教育投资直接提升了个人的知识水平和技能，进而增加了个人的就业机会和提高了收入水平。研究表明，接受高等职业教育的毕业生在劳动力市场上具有较强的竞争力，起薪和职业发展前景均优于未接受过高等教育的同龄人。教育投资不仅有助于个人职业发展，还能提高社会整体劳动生产率和社会创新能力。通过培养具备现代技术和实践能力的高技能人才，教育投资推动了产业的升级和经济的持续发展。因此，教育投资带来的多维度收益不仅体现在个人层面，更在社会经济层面发挥了重要作用，促进了经济增长和社会进步。

在国际上，德国的双元制职业教育模式以其独特的校企合作机制，为全球职业教育提供了成功的范例。德国的双元制模式通过学校和企业的紧密合作，使学生在学习理论知识的同时，进行大量的实际操作训练。

第二章 新质生产力的理论基础与教育适应性理论

例如,学生在企业实习期间,能够将课堂上学到的理论知识应用到实际工作中,提高实际操作能力。这种模式显著提升了学生的就业竞争力。根据德国联邦统计局的数据,双元制职业教育毕业生的就业率超过90%,且他们的平均收入水平较其他教育形式的毕业生高出约10%。此外,德国职业教育体系的教育投资回报显著,有研究表明,接受双元制职业教育的学生其终身收入较高,推动了制造业的技术进步和产业升级[①]。德国双元制职业教育模式通过校企合作,大幅提升了学生的实际操作能力和就业竞争力,为其他国家的职业教育改革提供了宝贵经验。

类似地,我国高等职业教育在校企合作模式上也取得了显著成果,推动了学生实践技能的提升和就业率的提高。许多高职院校与当地企业建立了紧密的合作关系,学生在校期间通过实际项目的训练,积累了丰富的实践经验。企业深度参与学校的课程设置和教学过程,并为学生提供实习和就业机会。这样的合作模式确保了学生在毕业时已经具备丰富的实践经验和专业技能,大幅提升了就业率和起薪水平。我国高等职业教育通过校企合作模式,增强了学生的实践能力和就业竞争力,推动了职业教育与产业发展的深度融合。

随着现代教育技术的发展,在线教育、混合式教学和虚拟实验室等现代化教学手段在高等职业教育中的应用不断增加。这些技术手段提高了教学质量和教育内容的适应性,使教育更加灵活高效。在线教育平台提供了灵活的学习方式,学生可以根据自己的时间安排自主学习。例如,天津职业大学通过在线课程平台,为学生提供了丰富的数字化学习资源,提高了学生学习的自主性和灵活性。混合式教学模式将线上与线下教学相结合,使学生在课堂内外都能获得高质量的学习体验。通过虚拟实验

---

① 德国职业教育与培训研究所. Ausbildung und Beruf: Wichtige Ergebnisse der BIBB-Studie 2018[J]. Retrieved from BIBB, 2019.

室等现代化教学工具，学生可以进行模拟操作和实验，提升实践能力和学习兴趣。现代化教学手段的应用不仅提高了高等职业教育的教学质量，还增强了教育内容的灵活性和适应性，确保教育能够与时俱进。

二、人力资本理论应用

人力资本理论强调教育投资对提升劳动者素质和社会生产力的重要性，为高等职业教育的投资决策提供了科学依据。教育被视为提高个人生产力和经济回报的关键投资。通过对教育的投入，个人可以获得知识和技能的提升，从而在劳动力市场上具备更强的竞争力。高等职业教育显著提升了学生的就业率和收入水平。研究表明，接受高等职业教育的学生在就业市场上很受欢迎，起薪和职业发展前景均优于未接受高等教育的同龄人。教育投资不仅有助于个人职业发展，还能提高整体劳动生产率和社会创新能力。通过培养具备现代技术和实践能力的高技能人才，教育投资推动了产业升级和经济的持续发展。因此，教育投资带来的多维度收益不仅体现在个人层面，更在社会经济层面上发挥了重要作用，促进了经济增长和社会进步。

在此背景下，高等职业教育在人力资本投资中展现了以下几个方面的独特优势：

第一，高等职业教育在培养高技能人才方面发挥着关键作用，这对经济发展的推动作用不可忽视。通过强调实际操作训练和实践经验积累，高等职业教育使学生在校期间即掌握了各种专业技能，毕业后能够迅速适应工作岗位，并在各自的领域发挥重要作用。这种教育模式不仅注重理论知识的传授，还特别强调学生动手能力的培养，如通过实验室操作、企业实习和项目实践等多种方式，使学生能够在真实的工作环境中锻炼和提升自己的技能。

第二，高等职业教育与行业的紧密联系和合作，使得课程设置和教学内容能够紧跟行业发展和技术进步的步伐，确保学生所学内容具有前瞻性和实用性。校企合作模式显著增强了学生的实践技能和职业素养，提高了他们的就业竞争力和收入水平，实现了高效的人力资本投资回报。通过与企业的紧密合作，高职院校能够为学生提供丰富的实习机会和职业培训，使他们具备高度的实践技能和职业素养。校企合作不仅使学生能够在校期间接触到真实的工作环境，积累宝贵的实践经验，还能使他们了解行业的最新动态和技术发展趋势，从而使其在毕业时能够迅速适应职场环境。此外，企业在合作中也积极参与到教学过程中，通过提供真实的项目案例、参与课程设计和授课，帮助学生掌握实际操作技能和解决问题的能力。企业导师的指导和评估使学生能够在实际工作中不断提升自己的技能水平和职业素养。这种合作模式不仅提高了学生的就业率和职业发展前景，也为企业输送了大量高素质、具有实践经验的专业人才，促进了企业的发展和技术创新。通过校企合作，高等职业教育实现了教育资源和产业资源的深度融合，达到了双赢的效果，有效提升了人力资本投资的回报率，推动了经济和社会的发展。

　　第三，现代化教学手段进一步提高了高等职业教育的教学质量和教育内容的适应性。在线教育、混合式教学和虚拟实验室等现代化教学手段为教育提供了更高的灵活性和效能。在线教育平台提供了灵活的学习方式，学生可以根据自己的时间安排自主学习，不再受传统课堂的时间和空间限制。混合式教学将线上教学和线下教学相结合，既保留了面对面交流的优势，又充分利用了数字化资源的便捷性和丰富性，使教学内容更加生动和多样化。虚拟实验室则通过模拟真实的实验环境，让学生能够进行各种实验操作和技术训练，弥补了实际实验设备和场地的不足。这些现代化教学手段不仅提高了教学的灵活性和效率，还使得教育内容更能紧跟科技进步和行业发展的步伐，确保学生掌握最新的知识和技能。此外，在线教育平台还提供了丰富的资源和互动功能，学生可以通过视频、讨论区和在线测试等多种方式进行学习和交流，增强了学习的主动性和互动性。通过现代化教学手段的应用，高等职业教育不仅提升了自身的教学质量和适应性，也为学生提供了更加灵活和高效的学习体验，助力他们更好地应对未来的职业挑战。

人力资本理论不仅为高等职业教育的投资提供了科学依据，还通过优化教育质量、加强校企合作和引入现代化教学手段等措施，显著提升了高等职业教育的人力资本投资效益，实现了个人和社会经济的全面发展。通过不断调整和优化教育内容、教学方法和教育结构，高等职业教育能够更好地适应社会经济发展，培养出具有创新能力、实践能力和职业素养的高素质人才，推动社会的进步和发展。

第三节 社会互动理论与产教融合

一、社会互动理论简述

社会互动理论为高等职业教育与产业深度融合提供了新的视角和方法，能够显著提升教育质量和学生的职业素养，促进教育与产业的协调发展。社会互动理论强调，通过互动过程中的符号、交换和角色等要素，可以提升师生和校企之间的沟通效率和合作效果，从而更好地实现教育与产业的共同目标。

首先，社会互动理论强调符号在互动中的重要性。符号，包括语言符号和非语言符号，是师生和校企互动的主要媒介。例如，通过课堂讨论和企业导师的指导，学生能够更好地理解专业知识和实际操作技能。明确和有效的符号使用能够提高学生的学习效果和互动质量。在校企合作项目中，企业导师的示范操作和现场指导作为非语言符号，直观地传

第二章 新质生产力的理论基础与教育适应性理论

达了实践技能，加深了学生的理解，提高了应用能力。因此，符号在高等职业教育与产业互动中扮演着关键角色，优化符号的使用，可以提升教育质量和互动效果，促进教育与产业的协调发展。

其次，社会互动理论中的交换机制强调互动本质上的互惠性。高职院校与企业的合作项目，通过互惠的实习机会和培训计划，使学生在企业中获得实践经验，而企业也能从中获得高素质的准员工。例如，高职院校与企业合作的"订单班"，学生在实习期间表现优异的可以直接留任，为企业输送了大量优秀人才。设计合理的激励机制，如提供企业奖学金、参与课程设计等，可以进一步提升企业参与教育的积极性。企业在教育合作中获得的回报越大，其在产教融合中的参与积极性和投入程度也越高。通过优化互惠机制和设计合理的激励措施，社会互动理论在校企合作中得到了有效应用，显著提升了合作效果和教育质量。

再次，社会互动理论强调个体在互动中扮演不同的角色。研究学生、教师和企业导师的角色期待与规范可以优化角色分配，提高互动效率和实践效果。在高等职业教育中，学生、教师和企业导师各自扮演着不同角色。明确这些角色的期待和规范，可以使互动更为顺畅。例如，学生在企业实习期间扮演准员工的角色，而企业导师则扮演教育者的角色，双方明确各自的职责和期望，有助于提高实习效果。合理分配和调整角色，可以提升互动效率和实践效果。在校企合作项目中，教师可以作为桥梁角色，协调学生和企业之间的互动，确保教学内容与企业需求相匹配。角色在高等职业教育中的分配和调整通过社会互动理论得到了明确的指导，提高了教育互动的效率和效果，促进了产教融合。

最后，情境在社会互动中起着重要作用。构建真实的互动情境，可以提升学生的实践能力和职业素养。在高等职业教育中，建立校内实验室和企业工作坊，提供模拟工作环境，让学生在真实情境中进行实践训练。例如，天津职业大学建立了多个模拟公司和实验室，学生可以在真实的商业环境中进行操作，积累实践经验。情境教学能够使学生更好地理解和运用所学知识，提高学习效果和实践能力。研究表明，情境教学能够显著提高学生的职业素养和就业竞争力。通过构建真实的互动情境，情境互动理论在高等职业教育中得到了有效应用，提升了学生的实践能力和职业素养，促进了教育质量的提高。

二、产教融合模式探讨

产教融合模式是当前高等职业教育适应性转型的核心内容之一。它通过多种途径和形式，如校企合作、工学结合、科研合作和区域合作，构建了一个多层次、多维度的教育体系，旨在提升教育质量、培养高素质的技能型人才，并最终推动产业技术进步和经济社会的发展。在全球化和科技迅速发展的背景下，高等职业教育面临着前所未有的挑战与机遇。如何通过产教融合实现教育的高效性和适应性，成为高等职业教育改革的重要议题。产教融合不仅仅是教育领域的一种改革模式，更是整个社会和经济体系的一部分，它要求教育与产业的深度合作，以实现双赢的局面。通过对产教融合模式的深入探讨，我们可以更好地理解这一模式如何在不同层面促进教育与产业的协同发展，从而为高等职业教育的转型提供理论支持和实践指导。

首先，校企合作是产教融合的核心模式之一，这种模式的关键在于学校与企业之间建立起紧密的合作关系，共同参与到人才培养的全过程中。这种合作不限于传统的实习或就业推荐，还包括从课程设计、教学实施到学生实习、毕业就业等各个环节的深度合作。通过共建实训基地，职业院校和企业可以实现资源共享，使学生在真实的工作环境中接受培训，掌握企业所需的实际操作技能。例如，某职业技术学院与当地制造企业合作，建立了一个高度仿真的实训基地，学生在企业导师的指导下，参与到生产的每一个环节中，从原材料的选择到最终产品的组装，都能

第二章 新质生产力的理论基础与教育适应性理论

亲身实践。这种培养方式不仅使学生在毕业时具备了丰富的实践经验，还使他们在进入职场后能够迅速适应工作环境，减少了企业在培训新员工时的投入。此外，订单式培养模式也是校企合作的重要形式。学校根据企业的具体需求，量身定制培养方案，确保学生所学内容与企业需求高度吻合。例如，华为公司与多所职业院校通过订单式培养方式，提前选拔优秀学生，并提供定向培训，这些学生在毕业后直接进入华为工作，既解决了企业的用人需求问题，也大大提高了学生的就业率，真正实现了教育与就业的无缝对接。

其次，工学结合和学徒制模式在提升学生实践能力方面具有不可替代的重要性。工学结合模式通过将课堂学习与实际工作相结合，使学生能够在真实的工作环境中进行学习和实践，从而获得宝贵的实际工作经验。这种模式不仅能够弥补传统教育中实践教学的不足，还能够有效增强学生的职业技能和实践能力。德国的双元制职业教育模式被广泛认为是工学结合的典范。在该模式下，学生每周在学校和企业之间轮换学习，在学校学习理论知识，在企业进行实际操作训练。企业导师在这个过程中扮演着至关重要的角色，他们不仅要传授学生操作技能，还要帮助学生理解行业标准和工作流程。通过这种模式，学生在毕业时不仅具备了扎实的理论基础，还拥有了丰富的实践经验，能够直接胜任企业的工作岗位。我国的高职院校近年来也在积极探索类似的模式，通过顶岗实习和企业导师制等方式，提高学生的实操能力和就业竞争力。例如，某高职院校与一家大型汽车制造企业合作，推行顶岗实习制度，学生在实习期间不仅要参与生产，还要接受企业导师的定期指导和考核。这种工学结合的模式有效地缩短了学生从课堂到职场的适应期，提高了他们的就业竞争力。

再次，科研合作模式在技术创新和产业升级中发挥着重要作用，这种模式通过学校与企业在科研领域的合作，推动了技术创新和成果转化，从而为产业的发展注入了新的动力。高职院校在科研合作中不仅是知识的传播者,更是创新的推动者。通过与企业的紧密合作,高职院校可以将科研成果直接应用于生产实践,帮助企业提升技术水平和市场竞争力。例如,高职院校可以与高科技企业合作,建立联合实验室,共同开展前沿技术研究。这些研究不仅推动了科技的进步,也为企业提供了实用的技术解决方案。例如,某高职院校与一家生物技术公司合作,利用学校的科研资源和企业的生产实践,共同开发了一种新型生物制剂,并成功实现了产业化。通过这种合作,不仅企业的技术水平得到了提升,高职院校的科研能力和影响力也得到了增强。此外,科研合作还可以为学生提供更多的学习和研究机会,使他们能够直接参与到真实的科研项目中,从而提升他们的创新能力和实践技能。

最后,区域合作和政府支持是构建区域性产教融合平台的关键因素。在产教融合的过程中,区域内的教育机构、企业和政府需要密切合作,共同打造协同发展的区域性平台。这种合作不仅有助于促进区域经济的发展,还能够提升教育的质量和实效性。例如,在某些地区,政府牵头建立产教融合基地,将区域内的企业、高校和科研机构集聚在一起,形成资源共享和协同创新的平台。通过这种方式,各方可以充分利用彼此的资源和优势,共同推动区域内的教育和产业发展。例如,某地方政府出台了支持产教融合的专项政策,提供资金、政策和资源保障,鼓励企业和学校开展深度合作。通过这些措施,区域内的高职院校不仅能够获得更多的教育资源,还能够更加紧密地与当地产业联系在一起,确保所培养的人才能够满足区域经济发展的需求。这样的区域合作模式不仅能够促进地方经济的发展,还能够推动高等职业教育的持续改革与创新。

为了确保产教融合的可持续发展,政策支持、课程改革和资源整合是不可或缺的手段。政策支持是产教融合顺利实施的重要保障,政府可以通过制定和实施相关政策,为产教融合提供制度框架和法律保障。例如，浙江省政府出台的《浙江省深化产教融合推进职业教育高质量发展实施方案》就明确了产教融合的目标、措施和考核标准，为高等职业教育的改革与发展提供了政策支持。在此基础上，高职院校还需要进行课程改革，确保教育内容能够与产业需求紧密对接。例如，浙江经济职业技术学院根据企业的需求，调整课程设置，增加了实践教学和企业项目的比重，使学生在校期间就能够接触到真实的工作环境，提升了他们的实践能力和就业竞争力。与此同时，教育资源和企业资源的整合也是提升产教融合效益的重要途径。例如，青岛职业技术学院与京东集团合作，共建了京东物流"校园云仓"生产性实训基地。通过这种资源整合，高职院校和企业不仅实现了实验室、设备和师资的共享，还大大提升了教育质量和企业的技术水平。这种资源整合的模式不仅提高了教育的实效性，还为企业的技术进步和创新发展提供了有力支持。

第三章　新质生产力背景下高等职业教育现状分析

第一节　国内外高等职业教育的发展概况

一、国际比较分析

高等职业教育在全球范围内的重要性不断提升，各国在职业教育领域的发展模式和经验具有显著差异，形成了各具特色的教育体系。德国的双元制教育模式以其高度结合理论与实践的教学方法闻名，学生在学校学习的同时，在企业进行系统的实践培训，极大提高了学生的就业竞争力；瑞士的职业教育则以其高质量和强大的行业参与为特色，注重培养学生的实际操作能力和创新精神；美国的社区学院体系在职业教育中占据重要地位，通过提供灵活的课程和多样化的职业培训，满足了社会对各类技能人才的需求；澳大利亚的职业教育与培训（Vocational Education and Training, VET）体系注重资格认证和技能提升，通过政府、企业和教育机构的紧密合作，确保教育与劳动力市场的需求保持一致；日本的高职教育则强调实践技能的培养与企业文化的融入，推动学生在毕业后快速适应职场环境。这些国际经验为我国高等职业教育的发展提供了很好的借鉴，尤其是在如何深化产教融合、提高教育质量和学生就业能力等方面，具有重要的启示、意义。

德国与瑞士的双元制教育模式通过校企合作和学徒制，为高等职业教育提供了一个成功的典范。该模式有效地平衡了理论学习与实际操作，提高了学生的职业技能和就业竞争力。该模式强调学校与企业的紧密合作。学校与企业共同参与学生的培养过程，企业不仅参与制定教学大纲，

第三章　新质生产力背景下高等职业教育现状分析

还提供实习岗位，派出导师进行一对一指导。例如，在德国，学生每周在学校和企业之间轮换学习，这种模式确保学生在理论学习的同时，获得丰富的实际操作经验[1]。学徒制是双元制教育模式的核心，通过企业导师的指导，学生能够全面掌握职业技能。例如，瑞士的学徒制体系使学生在企业中以学徒身份工作，同时接受学校的理论教育，全面提升了学生的职业技能和实践能力[2]。通过校企合作和学徒制，德国和瑞士的双元制教育模式培养了大批具有高就业竞争力的技能型人才，为高等职业教育的发展提供了宝贵的经验。

美国的社区学院和技术学院通过灵活的教育模式和紧密结合劳动力市场需求的课程设置，提供多样化的教育选择，满足不同学生的需求，提高了学生的就业率并为学生提供了更多职业提升机会。美国社区学院和技术学院提供全日制、兼职和在线教育等多种教育模式。例如，马利柯帕县社区学院（Maricopa Community Colleges）提供全日制、兼职和在线课程，满足不同学生的需求。该学院还开设了晚间和周末课程，以方便在职人员和其他非全日制学生参加学习，提高了教育的灵活性和可及性[3]。这些学院的课程设置紧密结合当地劳动力市场需求，确保学生所学技能能够直接应用于就业。例如，北弗吉尼亚社区学院（Northern Virginia Community College）根据华盛顿特区及其周边地区的高需求职业，设置了网络安全、数据分析和健康信息技术等课程。通过与当地企业合作，学院培养学生在这些领域的专业技能，使他们在毕业时具备雇

---

[1] MÜNCH R. Dual Apprenticeship Systems in Germany and Switzerland[J]. European Journal of Education, 2014, 49（4）: 553-565.

[2] GONON P. The dual system of vocational education and training in Switzerland[M]. In European Training Foundation Yearbook, 2014: 117-13.

[3] TOWNSEND B K. Defending the Community College Equity Agenda (review)[J]. Journal of College Student Development, 2008, 49（1）: 74-75.

主所需的能力[1]。美国社区学院和技术学院通过灵活的教育模式和市场需求导向的课程设置,有效提高了学生的就业率和职业提升机会,为高职教育提供了重要启示。

澳大利亚的职业教育与培训体系也值得关注。VET体系通过国家资助和企业参与,提供多样化的课程和灵活的学习路径。VET体系中的职业技术教育学院(Technical and Further Education, TAFE)在培养技能型人才方面发挥着重要作用。例如,TAFE与各行业紧密合作,确保课程设置和教学内容符合劳动力市场需求[2]。通过实习和学徒制,学生能够在实际工作环境中获得宝贵的经验和技能。这种模式不仅提高了学生的就业率,还为企业提供了所需的技能型劳动力[3]。

日本的高职教育通过产学合作(Industry-Academia Collaboration)实现了教育与产业的紧密结合。日本的高职院校与企业合作开发课程,进行技术研发,并为学生提供实习机会。例如,日本的"产学官"合作模式(产业、学术和政府的三方合作)通过政府政策支持、企业参与和学校教育,推动了技术创新和人才培养[4]。这种合作模式不仅提高了学生的实践能力,还促进了技术转移和产业升级。

通过比较分析德国、瑞士、美国、澳大利亚和日本的高等职业教育模式,可以发现其共性与差异。各国高职教育模式都强调校企合作和实践能力的培养。例如,德国与瑞士的双元制、美国的社区学院和技术学

---

[1] KISKER C B, CARDUCCI R. Community Colleges and Workforce Preparation in the 21st Century: Emerging Trends and Policy Issues[J]. Educational Policy, 2003, 17(4): 573-593.

[2] SMITH E, KEATING J. From Training Reform to Training Packages[M]. Social Science Press, 2003.

[3] MISKO J. Responding to changing skill demands: Training packages and accredited courses[J]. National Centre for Vocational Education Research, 2010: 59.

[4] FUJITA K. Higher Education Reform in Japan[J]. International Higher Education, 2006 (42): 16-18.

院、澳大利亚的TAFE体系以及日本的产学合作模式都注重学生在企业中的实际操作和实习。然而，各国高等职业教育模式在具体实施上存在差异。德国与瑞士的双元制更加系统和规范，美国的社区学院和技术学院则更具灵活性和多样性，澳大利亚的VET体系强调国家资助和企业参与，而日本的产学合作模式则依赖于政府、企业和学校的紧密合作。通过比较各国高职教育模式的共性与差异，可以为我国高职教育的发展提供宝贵的经验和启示，有助于其不断优化和创新。

二、我国高等职业教育发展历程

我国高等职业教育的发展历程可以分为四个阶段，每个阶段都反映了国家经济和社会发展的需求，以及教育政策的不断调整和完善。在改革开放初期，职业教育开始受到重视，随着市场经济的建立和快速发展，《中华人民共和国职业教育法》的出台和高职院校的崛起成为职业教育发展的重要里程碑。进入21世纪后，高等职业教育进一步深化改革，强调内涵发展和质量提升。自党的十八大以来，职业教育进入创新发展与特色提升的新阶段，为高等职业教育的未来奠定了坚实基础。

（一）第一阶段（1978—1994年）：职业教育的初步构建

改革开放初期，我国开始重视职业教育的发展，以满足经济建设对技术技能人才的需求。这一时期，国家出台了一系列政策文件，以引导和推动职业教育的恢复与发展。1978年，国家教育委员会发布了相关意见或通知，强调职业教育的重要性，并提出恢复和办好中等专业学校的具体要求。相关政策文件成为我国职业教育发展的重要起点。在这一时期，中等职业教育（以下简称中职教育）发展迅速，高等职业教育也逐步起步。例如，北京市机械工业学校作为这一时期恢复办学的中职学校之一，积极响应国家政策，开始培养大量适应经济建设需要的技术人才。

该校的恢复办学是职业教育在这一时期得到重启和发展的重要体现,为职业教育后续的发展奠定了坚实的基础。通过政策的引导和职业学校的恢复与新建,职业教育的初步规模逐渐形成,满足了改革开放初期经济建设对技术技能人才的迫切需求。在国家政策的大力支持和初步探索下,职业教育逐渐形成了基本框架,为后续的发展奠定了坚实的基础。

(二)第二阶段(1995—2004年):职业教育法与高职院校的崛起

进入20世纪90年代中期,随着市场经济体制的逐步建立和经济的快速发展,我国对技术技能型人才的需求大幅增加,高等职业教育迎来了快速发展的时期。1996年,《中华人民共和国职业教育法》的颁布和实施为职业教育的发展提供了法律保障,标志着职业教育进入法治化轨道。在这一阶段,国家出台了一系列政策措施,如《国务院关于大力推进职业教育改革与发展的决定》,进一步推动了职业教育的改革与发展,促进了高职院校数量的迅速增加。同时,一些中等专业学校也迎来了升级转型的机遇。例如,上海电机制造技术专科学校在这一时期成功升级为上海电机技术高等专科学校(后来进一步发展为上海电机学院),扩大了招生规模,增加了专业设置,致力于培养更多满足市场需求的技术技能型人才。这一转型不仅提升了学校的办学水平和层次,也为学生提供了更广阔的发展空间和更多的就业机会。通过政策推动与深化改革,这一阶段高职院校的数量迅速增加,高等职业教育体系逐渐完善。校企合作的初步探索提高了学生的实践能力和就业竞争力,为我国经济的发展提供了大量技术技能型人才。

(三)第三阶段(2005—2011年):深化改革与内涵发展

21世纪初,我国高等职业教育迈入了深化改革与内涵发展的新阶段,这一阶段强调质量提升和特色发展。国家加强了对高等职业教育质量的监管和评估，出台了一系列重要文件，如《国务院关于大力发展职业教育的决定》和《教育部关于推进高等职业教育改革创新引领职业教育科学发展的若干意见》，这些文件都明确指出了教育质量和内涵建设的重要性。在这一背景下，高职院校在课程设置、教学方法和师资队伍建设等方面进行了深入改革。同时，企业深度参与人才培养过程，与高职院校共建实训基地，显著提升了学生的实践能力和就业竞争力。深圳职业技术大学就是一个典型例子，该校通过与华为等高科技企业合作，共建实训基地并实施订单式培养，有效提升了学生的实践能力和就业竞争力。此外，国际交流与合作的加强也是这一时期的重要特征，如与德国职业教育机构的合作，引进了先进的职业教育理念和模式，有力地推动了我国高等职业教育的国际化发展。通过深化改革与内涵发展，这一阶段高等职业教育的质量得到了显著提升，校企合作模式的不断深化和国际交流与合作的加强，使得我国高等职业教育在教育质量和国际竞争力上均取得了显著成就。

（四）第四阶段（2012年至今）：创新发展与特色提升

高等职业教育在我国经历了显著的发展和转型，特别是自2012年党的十八大以来，进入了创新发展与特色提升的新阶段。自2012年以来，我国高等职业教育在国家政策支持下，通过深化产教融合、推进教育信息化、提升国际化水平等措施，显著提升了教育质量和国际竞争力。2014年，《国务院关于加快发展现代职业教育的决定》为高等职业教育的发展提供了战略指导。2019年启动的中国特色高水平高职院校和专业建设计划（双高计划），进一步推动了高职院校的高质量发展，通过共建产业学院和特色专业群，提升了学生的实践能力和职业素养。天津中德应用技术大学就是一个典型例子，该校与当地知名企业合作，共建智能制造产业学院,学生在企业导师的指导下进行实训,掌握了最新的生产技术和工艺,毕业后直接进入企业工作。同时,高职院校积极推进教育信息化,利用互联网、大数据和人工智能等技术手段,创新教学模式,提高教学质量和效率。浙江金融职业学院就是一个成功的案例,该校建立了智慧校园,利用大数据分析学生学习行为,提供个性化教学服务,显著提高了教学效果。通过深化产教融合、推进教育信息化和提升国际化水平,我国高等职业教育在这一阶段实现了高质量发展,学生的实践能力和职业素养显著提升。

(五)展望未来:塑造新质生产力背景下的高等职业教育新生态

展望未来,我国高等职业教育将在新质生产力的浪潮中,以更加开放的姿态和创新的思维,重塑教育生态,实现可持续发展。我们将不仅仅满足于深化改革创新、加强校企合作、推进产教融合、提升国际化水平和推动教育信息化等既有目标,更要将这些元素与新质生产力的特点紧密结合,打造满足未来社会需求的高等职业教育体系。在教育改革上,我们将更加注重创新人才培养模式的多样性,鼓励跨界融合,打破传统学科界限,培养具有创新思维和跨界能力的高素质人才。同时,我们将通过引入行业前沿技术和国际标准,提升教育质量和国际竞争力,使高等职业教育真正成为连接国内外先进技术与产业的桥梁。在校企合作上,我们将进一步拓展合作的深度和广度,确保教育内容与产业需求无缝对接。我们将通过建立行业导向的课程体系和实训平台,让学生在真实的工作环境中学习和成长,为他们未来的职业生涯奠定坚实的基础。

在产教融合上,我们将积极探索区域性产教融合的新模式,促进教育与产业的协同发展。我们将通过共建共享实训基地、技术研发中心和创新创业平台,推动高等职业教育与区域经济社会的深度融合,形成产教良性互动的生态系统。在国际化水平上,我们将加强与国际先进职业教育机构的交流与合作,引进国际先进的职业教育理念和模式,同时鼓励学生参与国际交流项目,开阔他们的全球视野,提高他们的跨文化交流能力。在教育信息化上,我们将充分利用现代信息技术手段,创新教学模式,提高教学效率和质量。我们将通过构建智慧校园、开发在线课程和资源库、推广混合式学习等方式,为学生提供更加个性、灵活多样的学习体验。总之,在新质生产力的背景下,我国高等职业教育将以更加开放、创新、协同的姿态,不断优化和提升教育质量和效益,实现可持续发展。我们将为新质生产力背景下的经济社会发展提供有力的人才保障和智力支持,共同塑造高等职业教育的新生态。

第二节 我国高等职业教育适应新质生产力的现状与问题

一、新质生产力适应性转型的初步探索

新质生产力的提出和快速发展为我国高等职业教育带来了前所未有的机遇和挑战。作为一种以科技创新为核心、推动经济高质量发展的动力,新质生产力在各个行业的广泛应用,不仅重塑了产业结构,也对劳动者的素质和技能提出了更高的要求。面对这一颠覆性变革,高等职业教育正在积极进行适应性改革,以满足产业转型升级和经济高质量发展的需求。通过这些改革,高等职业教育希望培养出能够适应并推动新质生产力发展的高素质技能型人才。

在适应新质生产力的过程中,高等职业教育的适应性逐渐展现出不同的阶段特征。初期,高等职业教育主要处于反应性适应阶段,这一阶

段的特点是高等职业教育体系对外部环境变化的反应较为被动,缺乏主动性和前瞻性。具体而言,高职院校在这一阶段往往只能在市场需求变化已经显现的情况下,才被迫作出调整。这种滞后性反应使得高等职业教育未能及时跟上经济结构调整和技术进步的步伐,导致培养的人才在知识结构和技能上与实际工作需求之间存在一定的脱节。例如,许多高职院校在新技术迅速兴起时,往往无法立即更新相关课程,导致学生所学内容滞后于市场需求,学生毕业后难以迅速适应工作岗位。随着新质生产力的快速发展,高等职业教育开始意识到这种滞后性带来的弊端,逐渐从反应性适应阶段过渡到战略性适应阶段。在这一阶段,高等职业教育不再仅仅是被动应对外部环境的变化,而是开始积极预测和分析经济社会发展的趋势,提前采取应对措施。例如,高职院校在进行课程设计和专业设置时,不再仅仅依赖过去的经验和市场的短期反馈,而是开始深入研究和预测未来产业的发展方向和技术变革趋势。基于这种前瞻性的判断,高职院校能够制定和实施一系列战略性举措,确保教育内容与市场需求紧密对接,甚至能够引领市场需求。这种转变不仅体现了高等职业教育在课程设计、教学方法上的创新能力,还显示出其在校企合作模式上的前瞻性。例如,一些高职院校开始与行业龙头企业建立长期合作关系,共同开发满足未来产业需求的课程和教学内容,确保毕业生在进入职场时能够立即发挥作用,甚至在未来的发展中处于领先地位。

近年来,我国高等职业教育在专业设置方面已经初步开展了适应新质生产力的探索,这一过程体现了教育系统对新兴技术领域的日益重视。教育部印发的《职业教育专业目录(2021年)》明确指出了要在5G、人工智能、大数据、云计算、物联网等高新技术领域强化专业设置。这些调整旨在响应数字化转型,支持产业基础的高级转型,确保职业教育能够培养出具备新技术和新技能的高素质人才,以满足现代经济对劳动力的新要求。这一系列举措表明,国家层面已经认识到新质生产力的重要性,并试图通过调整职业教育的专业结构来增强其对未来产业发展的适应能力。然而,尽管这些调整是职业教育系统适应新质生产力的重要一步,现实中仍存在明显的不足。首先,虽然增加了新兴技术领域的专业设置,但很多职业院校在实施这些新专业时面临诸多挑战。由于这些领域的技术更新速度快,职业院校往往缺乏足够的师资力量、先进的教学设备和实践平台来支持这些新专业的发展。此外,课程内容的开发与更新也未能及时跟上产业发展的节奏,导致新设立的专业在教学内容上仍与实际的行业需求脱节。其次,职业院校在新质生产力背景下进行的专业设置与改造,依然未能完全覆盖新经济、新业态、新技术和新职业所需的全部技能与知识。具体而言,许多职业院校在专业改造中仍偏向于传统技术的延伸,而对于新职业、新业态所需的跨学科综合能力和创新能力的培养则相对不足。这使得尽管院校开设了与新质生产力相关的专业,但学生在毕业后仍难以完全适应新经济形态下的工作要求,无法真正满足市场对复合型、创新型人才的需求。其结果是,新质生产力在各行业的应用和普及仍面临着人才短缺的瓶颈,职业教育在这一领域的探索和改进还有很长的路要走。

为了更好地服务新质生产力的发展,高等职业教育亟须进一步深化产教融合和科教融汇。通过建立共建共享的区域智算中心,高职院校可以将"大国工匠"的关键技能通过可穿戴设备、人机接口等先进技术手段进行数字化存储和优化。随后,这些技能可以在企业的实际应用场景中进行反复测试和改进,确保学生不仅学习到标准化的操作流程,还能够应对实际工作中的复杂情况。这种方法显著提升了高等职业教育的实用性和前瞻性,有助于培养更具竞争力的技术人才。例如,一些领先的职业院校已经与企业合作,建立了科研成果转移转化中心。通过这些中心,科研成果能够迅速转化为实际生产力,不仅帮助企业提升技术水平,还为学生提供了参与真实项目的机会。这种深度合作模式使得学生在学习过程中就能接触到行业的最新技术和发展动态，大大增强了他们的实际操作能力和就业竞争力，同时推动了教育与产业的进一步融合，形成了双赢的局面。

校企合作是高等职业教育适应新质生产力发展的关键路径。高职院校应主动与企业建立紧密合作关系，共同建设实训基地和研发平台，以实现产学研用的深度融合。这种合作不仅为学生提供了实践操作的真实环境，还使得教育内容能够紧密贴合企业的实际需求，从而提高学生的就业竞争力和企业的技术水平。此外，高等职业教育还需要进一步加强与政府、企业和科研机构的协同合作，构建一个完善的创新生态系统。通过政府的政策支持、企业的资源投入和科研机构的技术指导，各方能够形成合力，推动高等职业教育与新质生产力的深度对接。这种协同合作不仅能够提高高等职业教育的整体质量，也有助于加速科技成果的产业化应用，为新质生产力的发展提供强有力的人才和技术支撑。

为了更好地适应新质生产力对人才的需求，高等职业教育亟须在教学内容和教学方式上进行系统性改革。目前，高等职业教育体系在某些方面仍然过于注重理论知识的传授，忽视了对学生实践应用和创新能力的培养，这导致学生在面对快速变化的技术和市场环境时，难以灵活应对。因此，高职院校应当着力加强实践教学环节，确保学生在掌握理论知识的同时，能够将其有效应用于实际工作。这不仅有助于提升学生的实践能力，还能激发他们的创新精神，使其更好地应对新质生产力所带来的挑战和机遇。为此，高职院校应采用灵活多样的教学方法，如案例分析、小组讨论和项目合作等，这些方法能够帮助学生更深入地理解所学知识，并将其应用于真实的情境。例如，案例分析可以让学生通过分析实际问题，锻炼他们的解决问题能力；小组讨论可以促进学生之间的思想碰撞和合作能力的提升；项目合作则为学生提供了将理论转化为实践的机会，通过团队协作，学生能够体验到从项目规划到实施的完整过程。这些教学方法不仅能有效提升学生的综合素质，还能帮助他们培养适应新质生产力需求的创新思维和实践能力，从而在未来的职场中更具竞争力。

新质生产力的发展对高等职业教育的人才培养模式提出了全新的要求。传统的人才培养模式已难以满足快速发展的技术和产业需求，高等职业教育需要在培养学生专业技能的同时，注重学生创新思维的培养。只有这样，才能确保学生具备应对新技术、新工艺和新设备的能力，从而在日益激烈的就业市场中保持竞争力，并具备长远的职业发展潜力。为实现这一目标，高职院校必须不断优化课程设置，确保课程内容既涵盖前沿技术，又能够培养学生的创新能力。这要求高职院校在课程设计时紧密结合市场的实际需求，及时更新教学内容，纳入最新的技术发展趋势和行业动态。此外，高职院校还应加强与企业和行业的紧密联系，通过定期合作和沟通，了解企业对人才的具体需求，从而使教学内容更加贴近实际应用场景。这种紧密的校企联系不仅可以确保教育内容的实用性，还能够为学生提供更多的实习和实践机会，使他们在校期间就能积累丰富的实践经验，毕业后能够迅速适应职场环境并为企业创造价值。通过这一系列的改革和优化，高等职业教育能够培养出真正满足新质生产力需求的高素质人才，为国家和社会的发展提供有力的人才支撑。

未来，我国高等职业教育应积极迈向融合性适应阶段，与经济社会发展实现更深层次的融合，达到相互促进、共同发展的目标。在这一阶段，高职院校不仅要具备预见市场需求的能力，还要主动参与到产业发展和技术创新的进程中，成为推动经济和社会发展的重要驱动力。高等职业教育的角色将从单纯的市场需求响应者转变为经济发展的引领者，通过培养具有前瞻性思维和创新能力的高素质技术人才，推动新技术和新工艺的应用与普及。这种深度融合意味着高等职业教育必须紧密结合国家的发展战略和区域经济的实际需求，积极参与到各类技术创新和产业升级的实践中。高职院校将不再是单纯的知识传授者，而是技术研发、人才培养与产业实践的桥梁。这种模式下，高等职业教育不仅能够快速调整教学内容以适应市场变化，还能够通过与企业和科研机构的紧密合作，直接参与新技术的研发与推广，成为技术创新的重要推动力量。通过这种深度融合，高等职业教育将能够更好地发挥其在经济发展中的作用，不仅满足当前的市场需求，还能通过引领技术和产业的变革，推动经济社会的持续发展。高职院校将真正成为经济发展的驱动力之一，为国家的创新驱动发展战略提供强有力的支持，从而使我国在全球竞争中占据更有利的地位。

二、新质生产力适应性转型面临的问题与挑战

在新质生产力快速发展的时代背景下，我国高等职业教育正在遭遇一系列复杂而多维的挑战。这些挑战广泛涉及课程内容的时效性、师资力量的适应性、实训设施的先进性、教育体系的灵活性与创新性、产教融合的深度、教育与产业的耦合度、教育资源的均衡分配以及技术和社会变革所带来的教育不确定性等，对当前的教育体系构成了全面的考验。

第一，课程内容更新的滞后性是一个亟待解决的问题。鉴于新兴技术的迅猛发展，传统的教育内容往往难以契合新兴行业的实际需求。以信息技术、人工智能等前沿领域为例，其技术的快速迭代要求高等职业教育课程紧跟时代步伐，及时更新，以确保学生能够掌握最新的技术技能。然而，由于课程审批流程的烦琐或教学内容设计缺乏前瞻性，教育内容往往滞后于行业需求，无法有效满足市场的实际需求。另一个关键问题是教师缺乏参与行业实践的机会，难以掌握最新的行业动态和技术发展。此外，课程设计通常由教育行政部门主导，缺乏企业和行业专家的深度参与，导致课程内容无法反映实际工作的需求。

第二，师资力量与行业需求之间的脱节也是一个不容忽视的问题。

第三章 新质生产力背景下高等职业教育现状分析

尽管许多高职院校的教师具备扎实的理论知识基础，但在最新技术的应用和实际操作经验方面，他们的教学能力却显得力不从心。这一现象在快速变化的技术领域中尤为突出。缺乏参与行业实践的机会，使教师难以掌握最新的行业动态和技术发展，加之教师培训和专业发展机会的相对匮乏，使得教师难以持续提升自身的教学质量和专业能力，进而影响了学生在课堂上的学习效果和未来的职业适应能力。此外，现有的教师评估和激励机制未能有效鼓励教师不断更新知识和技能，这进一步加剧了师资力量与行业需求之间的脱节。总的来说，这种脱节现象不仅限制了教师的专业发展，也严重影响了高等职业教育的整体质量和效果。

第三，实训设施和设备的落后也是制约高等职业教育发展的一个重要因素。优质的实训环境是高等职业教育的基石，但遗憾的是，许多高职院校的实训设备未能跟上技术发展的步伐，无法为学生提供符合现代工业标准的实训条件。这不仅严重制约了学生技能的培养，也降低了教育的整体效果和毕业生的就业竞争力。设备的老化和维护不及时导致许多实训设施无法正常使用，而一些新的高科技设备由于资金不足未能被引进。此外，实训基地的数量和质量也存在明显差异，特别是在一些偏远地区，实训资源更为匮乏。企业与学校在实训方面的合作不够深入，企业对学校实训基地的投入不足，使得实训教学内容与企业实际需求脱节，学生在校内学习的技能难以在实际工作中有效应用。这种实训设施和设备的落后情况迫切需要得到改善，以适应快速发展的科技和产业需求。

第四，职业教育体系的灵活性和创新性不足也是一个亟待解决的问题。面对新质生产力带来的快速变化，职业教育体系需要具备更高的灵活性和创新性。然而，传统的教育体系往往受限于固有的架构和体制，难以迅速响应技术变革所带来的新需求。例如，跨学科知识和技能的培养是现代技术问题解决的关键所在，但现有的教育体系和课程设置却未能充分体现这一点,导致学生的跨学科能力培养不足。课程设置僵化、学科壁垒明显,使得学生难以在学习过程中获得综合性、创新性的知识和技能。教学方法也相对单一,缺乏多样性和互动性,不能有效激发学生的创新思维和实践能力。再加上评价体系过于注重理论考试成绩,忽视了对学生实际操作能力和创新能力的考核,进一步限制了教育体系的灵活性和创新性。这些问题共同导致了高等职业教育在应对新质生产力需求时的滞后和不适应,严重影响了学生的全面发展和未来职业适应能力。

第五,产教融合程度的不足也是高等职业教育所面临的问题之一。尽管许多高职院校尝试通过与企业合作来强化教育与产业的对接,但这种合作往往停留在表面,未能实现深层次的融合。企业对合作的参与度不高,高职院校对企业真正需求的理解也不够深入,导致许多合作项目难以达到预期的教育和培训效果。这种浅层次的合作未能有效推动高等职业教育的质量提升和产业需求的匹配。企业往往仅提供有限的实习机会,而不参与课程设计和教学过程,使得高职院校教学内容与实际工作需求脱节。此外,企业和高职院校之间缺乏有效的沟通机制,导致双方难以达成共同的教育目标。部分企业对高等职业教育的理解和重视程度不足,认为合作仅是负担而非投资,这也影响了产教融合的深度和广度。高职院校缺乏专业化的校企合作管理团队,难以协调和管理复杂的合作项目,进一步阻碍了产教融合的有效推进。这种不足不仅影响了学生的实践能力和就业竞争力,也限制了企业获得高素质技能人才的机会。

第六,高等职业教育与产业的耦合度不高也是一个亟待解决的重大问题。尽管高等职业教育在一定程度上促进了新质生产力的发展,但如何进一步提高高等职业教育与新质生产力的耦合度仍是一个亟待解决的问题。产业结构的数字化、智能化和新型化要求高等职业教育人才供给结构的相应调整,而这种调整需要通过更深入的产教融合和校企合作来实现。当前,高等职业教育与产业需求之间的匹配度不高,导致毕业生的技能与企业实际需求脱节。此外，学校课程设置和教学内容更新速度远远跟不上产业发展的步伐，导致学生在毕业时所掌握的技能已经滞后于市场需求。学校和企业之间缺乏系统性和长效的合作机制，企业在人才培养中的角色未能充分发挥，导致校企合作流于形式。企业对高等职业教育的参与积极性不高，部分原因在于缺乏激励机制和政策支持，使得企业在投入资源进行人才培养时顾虑重重。与此同时，高职院校在对接产业需求时缺乏主动性和灵活性，未能充分利用市场反馈来调整教学内容和培养目标。这种耦合度不高的状况不仅影响了高等职业教育的效果，也制约了新质生产力的发展。

第七，教育资源的不均衡分配也是一个持续存在的问题。资源丰富的地区和高职院校能够提供更多的学习机会和更好的教育条件，而资源匮乏的地区和高职院校则难以满足基本的教育需求。这种不平等现象严重影响了教育公平和教育质量的提升。尤其是在偏远和经济欠发达地区，教育资源的短缺表现得尤为明显。这些地区的高职院校在硬件设施、师资力量、课程设置等方面均与城市和经济发达地区存在显著差距。由于财政投入不足，这些高职院校无法购买先进的教学设备，实训设施陈旧，难以提供符合现代工业标准的教学环境。此外，优质师资的缺乏也使得这些地区的教育水平难以提升，教师流动性大，专业素质和教学水平参差不齐。在信息化资源分配方面，农村和偏远地区的网络基础设施薄弱，学生无法像城市学生那样方便地获取丰富的数字教育资源。这些问题使得教育资源的分配呈现出明显的区域性差异，严重制约了高等职业教育的发展和教育公平的实现。

第八，技术和社会变革所带来的教育不确定性也是一个不容忽视的挑战。随着技术和社会变革周期的日益缩短，高等职业教育发展的不确定性也在不断增加。新技术的快速发展和应用，使得许多传统职业逐渐消失或转型，而新的职业和技能需求不断涌现。这种变化要求高等职业教育具备极高的敏捷性和前瞻性，以便及时调整教学内容和课程体系。

然而，现有的教育体系往往反应迟缓，难以及时跟进技术进步和市场需求的变化。此外，社会结构和劳动力市场的变化也增加了高等职业教育的不确定性。例如，数字化和自动化技术的广泛应用改变了许多行业的工作模式和技能要求，使得高等职业教育需要不断更新培训目标和内容，以适应新的职业标准和就业趋势。再者，全球化进程和国际竞争的加剧，也迫使高等职业教育不断提升其国际化水平和竞争力，培养能够在全球市场中具备竞争力的高素质技能人才。然而，许多高职院校在面对这些快速变化的外部环境时，缺乏足够的资源和灵活性来进行必要的调整和创新，从而导致教育内容与实际需求脱节，无法有效应对技术和社会变革带来的挑战。

第三节 新质生产力对高等职业教育的新要求

一、技能标准与认证体系

高等职业教育需要通过一系列关键调整来培养能够适应社会经济发展的高素质技术技能人才。这不仅涉及教育模式的更新，还涵盖课程内容、技能标准以及认证体系的全面改革。随着社会的不断进步和技术的飞速发展，传统的教育体系已经逐渐难以满足现代经济对高技能人才的多样化需求。高等职业教育必须紧密跟随技术演进和职业角色变化的趋势，深入理解未来职场所需的各类技能，并与行业的发展保持高度同步。教育模式需要转向更加实践导向和创新驱动的方向，以提升高等职业教育的适应性。传统模式通常偏重理论知识的传授，而当前社会的发展则要求人才不仅具备扎实的理论基础，还能够有效地将这些知识应用于实际工作。因此，高等职业教育的模式应更加注重学生实践能力和创新精

第三章 新质生产力背景下高等职业教育现状分析

神的培养，通过各种满足现代教育需求的教学方法来提升学生的综合素质。课程内容的改革也是必不可少的环节。随着技术的不断进步，各行各业的知识体系和技能需求也在快速变化，高等职业教育的课程内容必须具有灵活性和前瞻性，能够及时调整和更新。高职院校可以通过引入最新的技术和行业知识，使学生在校期间掌握行业所需的核心技能，从而在毕业时能够直接适应职场环境。技能标准和认证体系同样需要进行重大更新。传统的技能认证体系通常侧重于知识的掌握和理论的理解，而在现代经济环境中，企业更加看重的是员工的实际操作能力和解决问题的创新思维。因此，新的认证体系应当更加注重对实践能力和创新能力的评估，通过多维度的考核方式，全面衡量学生的综合能力，并帮助他们更好地适应未来的职场环境。

在这一背景下，高等职业教育已经进入一个前所未有的变革期，如何在这个变革期培养出能够满足未来需求的高素质技术技能人才，成为当前教育界和产业界共同面对的重大挑战。这一挑战直接关系到高等职业教育的未来发展，也对国家经济竞争力的提升和社会的持续进步具有深远的影响。因此，高等职业教育必须不断进行自我调整和优化，以培养出真正能够引领未来发展的高技能人才。

首先，教育内容的前瞻性和适应性变得尤为关键。课程设计不仅需要高度的灵活性，还必须具备足够的前瞻性，才能有效应对技术和行业的快速发展和变化。教育内容的灵活性意味着课程能够快速调整，以适应新兴技术和行业需求的变化，确保学生在毕业时具备能够立即应用于工作岗位的实用技能。随着技术进步和产业升级的速度加快，高职院校必须与行业领导者和企业建立密切的合作关系，以确保教育内容始终反映出当前的最佳实践，并能够预测和满足未来的行业需求。这种紧密的合作关系不仅有助于教育机构获取最新的行业发展信息和技术趋势，还能使课程内容保持与实际应用场景的高度一致。通过与企业的合作，高职院校可以定期更新和调整课程内容，使学生所学的知识和技能始终与行业需求同步，避免了课程内容过时而导致的技能落后现象。特别是在信息技术等更新迭代极快的领域，如果高职院校不能及时调整课程内容，学生在毕业后所学的知识可能会迅速落后于行业的实际应用需求。因此，高职院校在课程设计上不仅要考虑当前的行业需求，更要具备高度的前瞻性，预测未来的发展趋势，提前布局教育内容。这样一来，学生在毕业时不仅具备扎实的基础技能，还能够迅速适应和掌握新兴技术和工艺，成为行业中的高素质人才。这种具有前瞻性和适应性的教育内容设计，将为学生的职业发展奠定坚实的基础，同时为行业的持续创新提供源源不断的高技能人才。

在这一领域，一些国家和地区已经开展了积极的探索和实践，取得了显著成效。以澳大利亚为例，其"行业合作教育"模式是一个值得广泛借鉴的成功范例。在这种模式下，学生的学习不局限于课堂上的理论教育，学生还被要求到企业进行实际的操作。这种模式的核心优势在于，学生可以将课堂上所学的理论知识立即应用于实际工作环境。这种理论与实践的紧密结合，大大增强了学习的效果和实用性。通过这种方式，学生能够更深入地理解和掌握所学知识，形成更为全面的技能体系。实践操作让学生在真实的工作场景中面对实际问题，并在解决这些问题的过程中，将书本知识转化为实际操作能力。这种教育模式不仅提升了学生的学习效果，还为他们未来的就业奠定了坚实的基础。这种模式还为企业提供了直接参与教育过程的机会，企业可以通过接纳学生实习，及时将最新的行业需求和技术动向反馈给高职院校。这种实时的反馈机制确保了高职院校能够根据行业的最新发展调整课程内容，使教学内容始终保持与市场需求的高度一致。企业的参与使得课程内容更加贴近实际应用，学生在学习过程中所掌握的技能也更符合市场需求，进一步增强了他们的就业竞争力。这种教育模式不仅增强了学生的实际操作能力，也推动了教育与产业之间的深度融合。通过校企合作，高职院校能够更好地触摸行业发展的脉搏，从而在课程设置和教学方法上作出更具针对性的调整，为社会培养出更加符合新质生产力要求的高素质技能人才。这种探索和实践的成功经验为其他国家和地区提供了有价值的参考和借鉴。

此外，认证体系的更新也是高等职业教育改革中至关重要的一环。传统的评估方式通常集中于学生对知识的掌握程度，主要通过考试来衡量他们对理论内容的记忆和理解。然而，这种单一的评估模式忽视了学生在实际操作中的应用能力和创新思维的培养。在新质生产力的背景下，企业对于员工的要求已经不再局限于理论知识的掌握，而是更加关注他们能否在实际工作中迅速适应新技术、新环境，并具备解决实际问题和创新的能力。为此，认证体系亟须进行重大更新，从单一的知识评估转向更加注重技能的实际应用和创新能力的多维度评估。这种新型评估方法应包括实际操作的考核，通过模拟真实工作环境的操作测试，来评估学生的实践能力。此外，认证体系还应引入项目驱动的考核方式，使学生通过参与实际项目，从设计到执行，全面展示和锻炼他们的创新思维、问题解决能力和团队合作精神。团队合作能力的测试也是新评估体系中不可或缺的部分。在现代职场中，团队合作能力越来越成为一种关键的职业素质。通过模拟团队项目，学生不仅需要展示他们的专业技能，还必须在团队中有效沟通、协作，体现出良好的领导力和团队精神。这种多维度的评估方式，可以更全面、真实地反映学生的综合能力，确保他们不仅在理论知识上达标，更能够在实践中展现出过硬的专业技能和创新能力。在新质生产力的背景下，企业对人才的需求正在发生深刻变化。他们更加看重的是员工是否能够快速适应不断变化的技术环境，以及在面对新挑战时是否能够提出创新的解决方案。因此，改革评估体系已经势在必行。通过引入更加多元化、贴近实际应用的评估方法，高等职业教育不仅能培养出理论与实践兼备的高素质人才，还能确保这些人才在进入职场后，能够迅速适应并作出贡献，为企业的发展和技术创新提供强有力的支持。

具体而言，评估学生技能水平的方式可以通过引入更多的实际操作和项目考核来实现。对于工程类专业来说，这种方法尤为重要。在评估过程中，可以让学生亲身参与到实际的工程项目中，从项目的最初设计阶段到实施过程，再到最终的验收，每个环节都可以成为评估的重点。通过这种全流程的参与，学生不仅能够展示他们在课堂上学到的理论知识，还能够体现他们将这些知识应用于实际工作的能力。这种评估方式的优势在于，它能够全面考查学生的综合能力和实践水平。在设计阶段，学生需要展示他们的创新思维和规划能力；在实施阶段，学生需要展示他们的动手能力和问题解决能力；在验收阶段，学生需要证明他们能够完成任务并达到预期的标准。整个过程要求学生在每个环节中都发挥出色，这就能够更真实地反映他们在实际工作环境中的表现。此外，通过团队合作的方式进行评估，可以进一步考查学生在团队中的角色和贡献。现代职场中，团队合作能力越来越受到重视，因此在评估过程中，引入团队合作的项目是十分必要的。在这种团队合作的项目中，学生不仅要展示个人技能，还需要有效地与团队成员沟通、协调，共同完成任务。通过观察学生在团队中的表现，可以评估他们的合作精神、领导能力以及在团队中发挥的作用。这种评估方式不仅能够培养学生的团队合作精神，还能帮助他们在未来的职场中更好地适应团队工作环境。这种多维度的评估方式不仅能全面衡量学生的综合能力，还能有效地帮助他们适应未来的职场环境。通过实际操作和团队项目的考核，学生能够在接近真实的工作环境中检验和提升自己的能力，为毕业后进入职场做好充分准备。这种评估方式的实施，将有助于高等职业教育培养出更加全面、适应性强的技术人才，他们不仅在专业技能上出色，还能够在复杂的工作环境中灵活应对，展现出卓越的职业素质。

第三章 新质生产力背景下高等职业教育现状分析

为了确保技能标准和认证体系始终具有实时性和相关性，这些系统必须进行定期更新，以准确反映新技术的进步和新工作方式的演变。技术进步和工作方式的变化是一个持续而动态的过程，如果技能标准和认证体系不能及时跟上这些变化，高等职业教育的内容和目标将不可避免地与实际行业需求产生脱节。这种脱节不仅会影响学生的职业竞争力，还可能导致整个教育体系无法有效支持产业的发展。为应对这一挑战，高职院校需要建立一个灵活且高效的更新机制。这一机制应包括定期的评估和反馈环节，通过与行业的紧密合作，及时获取最新的技术发展信息和行业动态，并将这些信息快速转化为教育标准和认证要求的更新。通过这种持续的评估和调整，技能标准和认证体系能够始终保持与行业发展的同步，确保学生在学习过程中所获得的技能和知识是当前市场最需要的。建立灵活的更新机制还意味着高职院校需要与各行各业的领先企业和技术专家保持密切联系，定期组织行业研讨会和技术交流活动，以捕捉和预见未来的技术趋势和工作模式的变化。通过这种主动的、前瞻性的方式，高职院校能够在标准和认证体系中提前融入新兴技术的要求，从而避免技能培养的滞后，确保学生在进入职场时，能够直接适应并驾驭最新的技术和工作方式。总的来说，技能标准和认证体系的定期更新对于高等职业教育的有效性和相关性至关重要。这不仅有助于保持教育内容的实用性，还能确保学生的技能在快速变化的行业环境中始终具有竞争力，从而提升整个教育体系对经济和社会发展的支持能力。通过建立灵活且高效的更新机制，高职院校能够更好地应对技术变革和产业发展的挑战，培养出真正满足未来需求的高素质技术人才。

此外，引入国际视角，与国际标准的对接，可以显著提升我国高等职业教育的国际竞争力，并为学生提供更为广阔的职业发展平台。在全球化的背景下，许多企业和行业的运营标准和技术规范已经趋于国际化，跨国公司和全球供应链的普及使得统一的国际标准成为许多行业的准入条件。因此，学生如果能够在学习过程中掌握这些国际标准，不仅在国内就业时具有更强的竞争力，还可以更加顺利地进入国际市场，在全球范围内获得更多的职业机会。为此，高职院校在制定技能标准和认证体系时，应积极参考和引入国际标准。这不仅意味着将国际上被广泛认可的行业标准融入课程内容和评估体系，还包括与国际认证机构建立合作关系，提供符合全球认可的职业认证。这种对国际标准的重视，可以帮助学生在学习期间就接触到全球最先进的技术和最佳实践，从而更好地准备进入国际化的职场。与此同时，高职院校还应积极与国际同行建立合作关系，通过定期交流和合作项目，学习和借鉴先进的教育理念和技术。国际合作可以促使教育机构保持开放的心态，持续更新和优化教育内容，确保教学方法和技能标准能够与全球最先进的水平保持一致。这种国际合作不仅能够提升高职院校的教学质量，还能够为学生提供更丰富的学习资源和更多的实践机会，使他们具备在全球化背景下竞争的能力。通过引入国际视角和对接国际标准，高等职业教育不仅可以更好地服务于国内市场，还能培养出具备全球竞争力的高素质人才。学生掌握了国际标准后，不仅在国内具有更强的就业优势，还可以轻松适应和融入国际市场，开拓更为广阔的职业发展空间。这种国际化的教育路径不仅提升了教育的质量和学生的竞争力，也为国家在全球化进程中的经济和技术发展提供了强有力的支持。

具体的行动包括与行业领导者合作，定期更新课程内容，确保教育体系与行业发展保持同步。通过与领先企业的紧密合作，高职院校能够获取行业内最新的技术趋势和市场需求信息，从而在课程设计上进行及时调整和更新。一些顶尖的技术公司与高职院校已经建立了长期的合作关系，共同开发和更新课程内容，确保学生所学的知识和技能始终与行业的最新需求相一致。这种合作模式不仅使课程内容更具前瞻性，还能确保毕业生具备进入职场后立即应用的实用技能。此外，高职院校还广泛采用项目为基础的学习方法,这种方法让学生在真实的项目中进行学习和实践,从而显著提升他们的实际操作能力和问题解决能力。通过参与实际项目,学生不仅可以巩固和应用课堂所学的理论知识,还能够锻炼创新思维和团队合作能力。在这种学习模式下,学生面对的是实际工作中的复杂问题,需要在团队中分工合作,共同寻找解决方案。这不仅提高了学生的专业能力,也培养了他们应对挑战的综合素质,使他们在未来的职场中更具竞争力。这种基于实际工作的评估机制与传统的考试模式相比,更能反映学生在真实工作环境中的表现。通过这种评估方式,高职院校能够更准确地衡量学生的综合能力,企业也能够从中识别出具有潜力的未来员工。这种模式的成功实施不仅缩短了学生从学校到工作的过渡期,还为行业提供了更为实用的高素质技术人才,形成了教育与产业的良性互动。

同时,通过国际合作引进国外的先进教育理念和技术,帮助学生为进入全球化的工作环境做好准备,也是高等职业教育中至关重要的一环。在这方面,一些国际化程度较高的高职院校已经展开了有益的探索和实践。例如,这些高职院校与国外知名大学和研究机构建立了长期合作关系,定期进行师生交流和合作研究。这种合作不限于简单的学术交流,还包括共同开发课程、共享教学资源以及合作进行科研项目。通过这些国际合作,学生有机会接触到全球最先进的教育理念和技术,这使他们能够站在国际学术和技术的前沿。在与国外师生的交流中,学生可以学到不同国家的思维方式和工作习惯,理解全球化背景下不同文化对技术应用和创新的影响。这种跨文化的学习体验不仅能提升学生的专业能力,还能开阔他们的国际视野,使他们在未来的职场中具备更强的适应能力和竞争力。此外,通过参与国际合作研究项目,学生能够直接参与到国际化的科研环境中,接触到前沿的技术研究和实际应用,这种实战经验对于他们未来的职业发展至关重要。国际合作不仅提升了学生的技术能力，还培养了他们的全球化视野和跨文化沟通能力，这些都是在全球化时代不可或缺的职业素质。通过这种方式，学生不仅学习到国外的先进技术和理念，还能够在国际化的工作环境中自信地展示自己的能力，提升他们在全球市场中的竞争力。这些努力和尝试，使学生在全球化的职场中能够脱颖而出，成为具有国际竞争力的高素质人才。

二、灵活学习与终身教育

高等职业教育必须适应灵活学习与终身教育的趋势，以满足不断变化的工作环境和个人职业发展的需求。

（一）实施个性化学习路径

在新质生产力背景下，实施个性化学习路径显得尤为重要。传统的教育模式往往采用统一的课程设置和教学进度，难以满足不同学生的多样化需求。相比之下，个性化学习路径允许学生根据自己的学习速度、兴趣和职业目标来选择和组合课程，从而制订适合自己的学习计划。这种模式不仅鼓励学生主动学习，还能够使他们更好地掌握必需的技能和知识。

个性化学习路径的优势在于其能够根据学生的特点和需求进行灵活调整。例如，对于已经具备一定专业知识和技能的学生，他们可以选择更高级的课程来加深和扩展自己的知识；而对于基础较为薄弱的学生，则可以选择基础课程来逐步夯实自己的基础知识。此外，个性化学习路径还可以根据学生的职业目标进行定制，如希望进入人工智能领域的学生可以选择更多的编程和数据分析相关课程，而希望从事市场营销相关工作的学生则可以选择更多的市场分析和消费者行为相关课程。为了有效实施个性化学习路径，高职院校需要建立灵活的课程体系和评价机制。这意味着高职院校不仅要提供丰富多样的课程，还要建立相应的支持系统来帮助学生制订和调整学习计划。同时，评价机制也需要根据学生的个性化学习路径进行相应的调整，以便更准确地反映学生的学习成果和发展情况。

（二）构建技术驱动的学习平台

在高等职业教育的变革进程中，技术驱动的学习平台扮演着至关重要的角色。现代技术包括在线学习管理系统、虚拟现实技术（Virtual Reality, VR）、增强现实技术（Augmented Reality, AR）以及人工智能（AI），极大地丰富了学生的学习体验并提升了访问便捷性。这些技术不仅使学习内容更加丰富多彩、互动性更强，还支持远程教学，使学生无论身处何地都能接受教育。在线学习管理系统为学生提供了集中的学习平台，他们可以在该平台轻松查看课程资料、提交作业、参与讨论和进行在线测试。这种系统不仅为学生带来了极大的便利，还显著提高了教育的效率和管理水平。虚拟现实和增强现实技术则为学生带来了更为直观和生动的学习体验。例如，医学生可以通过虚拟现实技术进行手术模拟练习，工程学生则可以通过增强现实技术进行设备操作演示。这些技术的应用极大地提升了学生的实践能力和动手能力。同时，人工智能技术在教育领域的应用也越来越广泛。借助人工智能技术，我们可以提供更加个性化的教学服务。比如，智能推荐系统能够根据学生的学习情况和兴趣为他们推荐适合的课程，而智能评估系统则可以根据学生的作业和测试结果给出详细的反馈和改进建议。这些技术的应用不仅提升了教学的个性化水平，还帮助学生更好地掌握了学习内容，从而提高了学生的学习效果。

（三）打造终身教育体系

在新质生产力背景下，工作环境和职业需求不断变化，因此，打造终身教育体系成为高等职业教育的一项重要任务。这一体系不仅致力于满足在职专业人员的持续学习需求,还提供灵活的进修课程、证书课程和在线短期课程,旨在帮助在职人员更新技能或学习新技术。终身教育体系的灵活性是其核心优势。它允许学习者根据自己的时间表和职业发展阶段来自由选择课程。例如,一位在职工程师可以选择在工作之余参加一些在线的高级工程课程,以提升专业能力;而一位市场营销人员则可以选择市场分析和数据挖掘的短期课程,以应对市场变化带来的挑战。此外,终身教育体系还通过各种形式的学习活动,如工作坊、讲座、研讨会等,为学习者提供多样化的学习机会,以满足不同学习者的个性化需求。为了成功打造终身教育体系,高职院校需要与企业和行业协会建立紧密的合作关系,共同开发和提供适合在职人员的教育课程和培训项目。同时,高职院校还需要建立灵活的学分转换和认可机制,确保在职人员在不同学习阶段所获得的学分和证书能够得到广泛认可和顺利转换,为他们的学习和职业发展提供更多便利。

(四)整合学习与工作模式

在高等职业教育的变革进程中,整合学习与工作模式被视为一个重要的方向。通过实习、学徒制和项目基础的学习等方式,将教育内容与实际工作经验紧密结合,不仅增强了学习的实用性,还显著提升了学习者将理论知识应用于实践的能力。实习和学徒制是实现学习与工作整合的两种典型方式。实习让学生有机会在真实的工作环境中应用所学知识,积累宝贵的实际工作经验。这种经历不仅有助于学生更深入地理解和掌握所学内容,还极大地提高了他们的就业竞争力。而学徒制则是一种更为深入的学习与工作整合模式,它在企业和高职院校的共同合作下,为学生提供在职学习和培训的机会。学生可以在企业的实际工作中学习和实践,同时在高职院校接受系统的理论教育。这种模式的优势在于它将学习与工作紧密结合，使学生能够更好地适应未来的职业生涯。项目基础的学习也是一种行之有效的学习与工作整合方式。通过参与实际项目，学生可以将理论知识应用于解决实际问题，从而锻炼和提高自己的实践能力和创新能力。例如，工程专业的学生可以参与实际的工程项目，从项目的设计、实施到最终的验收，全面体验工程项目的全过程；而市场营销专业的学生则可以参与实际的市场推广活动，从市场调研、策划到实施，全面了解市场营销的各个环节。这种学习方式不仅提升了学生的实际操作能力，还培养了他们的团队合作精神和领导能力。

（五）创新评估与认证机制

随着学习模式的不断变革，我们迫切需要创新评估与认证机制，以更好地反映灵活学习路径的特点。传统的评估方法往往过于侧重学生对理论知识的掌握，而忽视了他们的实际操作能力和创新思维。然而，在新质生产力背景下，企业更加看重的是员工的实际应用能力和创新能力。因此，我们必须对评估与认证机制进行创新，以更加注重学生的实际操作能力和创新思维。具体来说，在工程类专业的评估中，我们可以通过实际操作的评估、项目驱动的考核以及团队合作能力的测试，全面衡量学生的综合能力和实践水平。这些创新的评估方法旨在鼓励学生积极思考、勇于创新，从而提高他们的创新意识和能力。同时，这也是我们创新评估与认证机制的重要组成部分。此外，认证体系也需要与时俱进，以反映新技术和新工作方式的发展。我们可以考虑引入基于区块链技术的认证体系，确保学生的学术和职业成就得到安全、可靠的记录和认可。同时，通过与国际标准对接，我们可以提高认证体系的国际认可度，为学生提供更广阔的职业发展平台。这些举措都是我们在创新评估与认证机制方面应做的积极探索和实践。

第四章　新质生产力驱动的高等职业教育转型策略

第一节 专业结构与课程体系的创新

高等职业教育的专业结构和课程体系必须进行创新,以适应快速变化的产业需求和技术进步。这种创新不仅是高等职业教育改革的核心内容,也是提升教育质量和推动社会经济发展的关键举措。传统的专业设置和课程往往难以跟上行业的快速变化,导致毕业生的技能与市场需求脱节。通过创新,高职院校可以更灵活地调整专业方向和课程内容,紧密对接行业的发展趋势,确保学生具备适应新技术和新产业的能力,从而在职场中取得成功并推动经济的持续发展。

一、专业布局与新产业需求的动态调整

在适应新质生产力的过程中,我国高等职业教育正从反应性适应向战略性适应过渡。这一转变不仅意味着从被动应对市场需求到主动预测和引领市场需求的转变,还反映了课程设计、教学方法和合作模式的全面升级。

(一)动态调整专业结构

新产业的兴起和科技的快速发展要求专业结构灵活适应市场变化。在反应性适应阶段,高等职业教育主要是被动应对外部环境的变化,表现出对市场需求的滞后反应。然而,随着新质生产力的快速发展,高等职业教育开始主动预测并满足经济社会发展的需求,逐渐进入战略性适应阶段。例如,随着人工智能技术的广泛应用,许多高职院校已经开设了相关的专业课程,如机器学习、数据挖掘和自然语言处理等。这些课

程不仅涵盖了基础理论，还注重实践应用，确保学生能够在毕业后迅速适应市场需求。与此同时，随着环境保护和可持续发展的理念深入人心，可持续能源专业也逐渐成为热点，包括太阳能、风能和生物质能等课程。这些课程通过引入最新的研究成果和技术应用，培养学生在可再生能源领域的专业技能和创新能力。此外，高职院校还通过与企业和科研机构的合作，不断调整和优化专业设置，确保所开设的课程能够紧跟产业发展的步伐。例如，随着生物技术和健康产业的快速发展，生物工程和医疗技术等专业也逐渐受到重视，通过跨学科融合和实训基地建设，提高学生的实践能力和综合素质。这种动态调整专业结构的做法，不仅提高了高等职业教育的适应性和前瞻性，也为新质生产力的发展提供了有力的人才保障。

（二）行业需求分析

行业需求分析是确保教育与市场需求一致的关键。高职院校可以定期邀请行业专家开展讲座和研讨会，了解最新的行业动态和技术趋势；可以通过与劳动市场研究机构合作，分析就业数据和趋势，识别出高需求的职业领域，调整和优化专业设置。这种战略性适应阶段体现了教育机构在课程设计、教学方法和合作模式上的创新能力和前瞻性；通过与行业专家合作、参与研讨会、分析劳动市场数据等方式，准确把握市场动向和人才需求变化，确保教育培养目标与社会需求高度契合。通过这些方法，高职院校能够动态调整专业结构，开设与新兴产业紧密相关的课程，如大数据分析、云计算、物联网等领域的专业课程。此外，高职院校还应注重建立与企业的长期合作关系，通过校企合作，及时了解企业对技能型人才的具体需求，并将这些需求融入课程设计和教学实践。企业可以提供实习和培训机会，让学生在实际工作环境中应用所学知识，增强他们的实践能力和职业素养。这种密切的行业联系不仅有助于学生就业，还能使高职院校不断更新和改进其教育内容和方法，保持其教育质量的领先地位。利用大数据和人工智能技术进行就业市场预测和分析，可以更加精确地指导教育资源配置，优化专业设置，提高高职院校的办学效益和社会影响力。这种全面而深入的行业需求分析，使得高等职业教育能够紧跟时代步伐，培养出符合新质生产力发展要求的高素质技能人才。

（三）课程内容实时更新

课程内容的实时更新也是高等职业教育创新的重要方面。随着科技的发展和行业的变迁，课程内容需要不断更新，以涵盖最新的技术和最佳实践，确保学生在毕业时具备前沿的知识和技能。比如，工程专业增加智能制造和物联网课程，商业和管理专业增加数字经济、大数据分析单元。这一更新过程反映了战略性适应阶段的特点，使学生掌握最新的制造技术和物联网应用技能，培养他们的数据驱动决策能力，适应数字化转型的需求。此外，课程内容的更新不仅体现在增加新兴技术的课程上，还体现在传统课程的改进和优化上。例如，机械工程课程可以融入3D打印技术和机器人技术的最新进展，建筑工程课程可以加入绿色建筑和可持续设计的内容，以确保学生在传统领域也能紧跟最新的发展趋势。通过这些举措，高职院校能够为学生提供更全面、更现代的教育，培养出既具备扎实基础又掌握前沿技术的复合型人才，从而更好地满足市场和行业的需求。

（四）技术驱动的教育工具

技术驱动的教育工具在高等职业教育的变革中起到了至关重要的作用。现代技术，如在线学习管理系统、虚拟现实、增强现实和人工智能，极大地增强了学习的体验和访问性。这些技术不仅使学习内容更加丰富和互动,而且支持远程教学,允许学生无论身在何处都能接受教育。在线学习平台提供了丰富的学习资源和灵活的学习方式,学生可以根据自己的时间安排进行学习。模拟软件和虚拟实验室则提供了逼真的模拟环境,学生可以通过模拟实验和操作,提高实践能力和解决问题的能力。除此之外,人工智能技术在个性化学习路径和实时反馈方面也发挥了重要作用。人工智能驱动的学习分析系统可以根据学生的学习进度和表现,为其推荐适合的学习资源和复习计划,从而提高学生的学习效率。虚拟现实和增强现实技术不仅能够模拟复杂的实际操作环境,还能通过交互式体验帮助学生更直观地理解抽象概念和复杂技术。此外,物联网技术的应用使得远程监控和管理教学设备成为可能,确保了教学资源的有效利用和维护。这些技术工具的广泛应用,不仅提升了教学质量和效率,也为学生提供了更多的学习机会和更广阔的发展空间。

(五)跨学科课程设计

跨学科课程设计满足了新产业对复合型人才的需求。现代产业对人才的需求越来越多元化,单一学科的知识已经不能满足实际工作的需求。跨学科课程能够培养学生的综合能力,使其在未来的职业生涯中更具竞争力。比如,设计结合信息技术和生物科技的新专业,培养生物信息学或数字医疗领域的专业人才。通过设计跨学科课程,学生不仅可以学到信息技术的基本原理和方法,还可以了解生物科技的前沿研究和应用,为未来从事相关工作打下坚实的基础。此外,跨学科课程设计还可以将工程技术与环境科学相结合,培养能够解决复杂环境问题的工程师。学生在这样的课程中不仅学习工程学的理论和技术,还学习环境科学的基础知识,从而能够设计出可持续发展的工程解决方案。同时,将商业管理与数据科学结合,可以培养能够进行数据驱动决策的管理人才。学生在学习管理理论的同时,掌握数据分析和大数据处理的技能,能够在数据驱动的商业环境中脱颖而出。这种跨学科的教育模式不仅丰富了学生的知识结构，还提高了他们的创新能力和适应性，为他们在新兴产业中找到理想的工作奠定了坚实的基础。

（六）案例分析与实践

案例分析与实践是高等职业教育的重要组成部分。学生通过案例分析和企业合作项目，可以获得实际工作经验。理论与实践的结合是高等职业教育的核心，通过真实案例和企业项目的参与，学生可以更好地理解和应用所学知识，提升实际操作能力。例如，参与企业合作项目，通过真实案例分析，获得实际工作经验。高职院校可以与企业建立合作关系，组织学生参与企业项目，从中学习和积累实际工作经验。学生可以参与产品研发项目，从市场调研、产品设计、生产制造到市场推广的全过程，全面了解企业运作模式，提升综合能力。除此之外，学生还可以在企业实习期间参与项目管理、质量控制和客户服务等环节，熟悉企业的运营流程和管理方法。此外，高职院校可以邀请行业专家和企业高管为学生开设专题讲座和培训课程，分享他们的工作经验和行业见解，帮助学生更好地理解行业动态和市场需求。同时，通过模拟公司运营和项目管理的实训课程，学生可以在校内获得宝贵的实践经验，为未来的职业发展做好准备。这种案例分析与实践教学模式不仅增强了学生的实际操作能力，还培养了他们的团队协作精神和解决问题的能力。

（七）评估与反馈机制

评估与反馈机制的建立和完善也是高等职业教育创新的重要内容。随着学习模式的变革，评估与认证的方法也需要更新，以反映灵活学习路径的特点。传统的评估方法往往只关注学生对理论知识的掌握，而忽视了他们的实际操作能力和创新思维。在新质生产力背景下，企业更加看重的是员工的实际应用能力和创新能力,因此,评估方法也需要进行相应的改革。通过系统的评估和反馈,教师可以及时发现教学中的问题和不足,不断改进教学方法,提高教育质量。例如,收集学生、教师和行业合作伙伴的反馈,用于课程内容和教学方法的持续优化;通过问卷调查、访谈和座谈会等方式,收集学生、教师和行业合作伙伴的反馈,了解课程内容的实际效果和存在的问题。基于反馈信息,及时调整和优化课程内容和教学方法,可以提高教育质量和学生满意度。同时,利用大数据和人工智能技术对学生的学习过程进行分析,提供个性化的评估报告,可以帮助学生了解自己的学习进度和不足之处,从而进行针对性的学习改进。此外,应建立多元化的评估体系,不仅包括传统的笔试和口试,还包括项目报告、实践操作、团队合作等多种形式,以全面评估学生的综合能力。通过这些评估与反馈机制的改革,高职院校不仅能够提高教学的针对性和有效性,还能激发学生的学习主动性和创新能力,使其更好地适应新质生产力的发展需求。

在未来,随着职业教育迈向融合性适应阶段,高等职业教育将与经济社会发展实现深度融合,相互促进、共同发展。在这一阶段,教育机构不仅能够预见市场需求,还能积极参与产业发展和技术创新,成为经济和社会发展的核心驱动力。通过这种深度融合,高等职业教育将不仅是市场需求的追随者,更将成为经济发展的引领者。高等职业教育将加强与企业和研究机构的合作,建立关系紧密的产学研联盟,推动技术成果的转化和应用。同时,高职院校将更深入地参与到区域经济的发展规划中,为地方产业的升级和结构调整提供智力支持和人才保障。教育内容和教学方法将更加灵活和多样,注重培养学生的创新能力和实践技能,以适应不断变化的市场需求和技术发展。此外,高等职业教育还将注重国际化发展,借鉴全球先进的教育理念和实践经验,提升自身的教育质量和竞争力。通过这些努力,高等职业教育将在推动新质生产力发展中发挥更加重要的作用，不仅满足市场需求，还将引领产业创新和社会进步，为国家的经济和社会发展作出更大的贡献。

二、课程内容与教学模式的数字化转型

高等职业教育的专业结构与课程体系必须进行全面创新，以适应快速变化的产业需求和技术进步。这样的创新不仅是提高教育质量和满足市场需求的关键，也是促进社会经济发展的重要举措。

（一）跨学科知识整合与模块化课程设计

在新质生产力的驱动下，高等职业教育必须打破传统学科之间的壁垒，推动跨学科知识的整合与模块化课程设计。随着行业需求变得更加多样化与复杂，单一学科的知识已经无法满足新兴产业对于复合型人才的需求。通过数字化手段，将多个学科领域中的核心知识点模块化，构建灵活的课程结构，不仅有助于提升课程的适应性，还能帮助学生更好地应对未来多元化的职业挑战。模块化课程设计强调将课程内容分解为独立的学习模块，学生可以根据个人兴趣和职业需求选择不同的模块进行学习。这一设计模式借助数字化技术得以实现，在线学习平台可以提供丰富的跨学科资源，学生能够通过自主学习和课程组合，灵活调整学习进度，打破传统教育中的时间和空间限制。同时，数字化技术的引入使得高职院校能够更迅速地调整课程内容，以应对不断变化的产业需求。跨学科知识整合不仅有助于丰富学生的知识结构，还能培养其解决问题的综合能力。特别是在新质生产力背景下，很多行业需要具备多种技能的复合型人才。学校可以通过数字化手段实现学科之间的紧密融合，培养学生跨学科的思维方式。这种教学模式既能满足新兴产业对人才的需求，也能为学生提供更多的职业选择和发展路径。

(二)虚拟学习环境中的互动与协作模式

数字化技术的快速发展为高等职业教育提供了构建虚拟学习环境的可能性,虚拟学习环境(Virtual Learning Environment,VLE)已经成为促进教学互动和协作的重要平台。通过虚拟学习环境,教师和学生能够突破传统课堂的局限,参与更加灵活、实时和个性化的教学活动。这种模式不仅提升了教学质量,还为师生间的互动和合作提供了全新的渠道。在虚拟学习环境中,教师能够通过视频、实时讨论、在线测试和虚拟实验等多种数字工具与学生进行互动。这种灵活的教学方式不仅能提升学生的参与度,也能帮助他们通过模拟实际操作和情景再现等方式更好地掌握职业技能。例如,虚拟实验室的引入,使学生能够在虚拟环境中进行实操训练,增强实践教学的效果,而不再受限于物理设备或场地。此外,虚拟学习环境还能促进学生间的协作学习。通过在线小组讨论、项目协作等方式,学生能够在虚拟空间中与其他学习者分享知识和资源,培养团队合作能力。协作学习不仅限于本地学生,通过跨地域、跨文化的在线交流,学生能够接触到更多样化的视角,进一步丰富他们的学习体验。这种全球化的协作模式在培养国际化视野和提高全球竞争力方面具有重要意义。

(三)实时数据分析与自适应学习反馈机制

数字化转型为高等职业教育带来了丰富的数据资源,这为构建实时数据分析和自适应学习反馈机制提供了坚实的基础。通过实时数据的收集与分析,教师能够动态掌握学生的学习进度、行为模式和学习效果,从而调整教学策略,使教学过程更加精准和个性化。自适应学习(Adaptive Learning)系统是数字化教育中的重要组成部分,它利用数据分析技术,根据学生的学习行为、知识掌握情况和个性化需求,实时调整学习内容和教学方法。通过对学生在学习过程中所产生的数据进行分析，系统能够预测学生学习的难点，自动提供针对性的学习资源，帮助学生克服学习中的障碍。这种基于数据驱动的教学方式，能够大幅提升学生的学习效率和学习效果。实时反馈机制的引入，是自适应学习的重要一环。在传统教育中，教师的反馈往往是滞后的，而通过数字化平台，反馈是实时和精准的。例如，学生在完成线上测试或作业后，系统可以根据其表现，实时生成个性化的反馈报告，指出学生的弱项，并推荐相应的补充学习资源。同时，教师可以根据系统提供的数据，调整教学策略，确保每个学生都能获得适合其能力水平的学习体验。

（四）跨学科课程设计

跨学科课程的设计满足了新产业对复合型人才的需求。现代产业对人才的需求越来越多元化，单一学科的知识已经不能满足实际工作的需求。在早期，职业教育可能仅会进行少量的跨学科尝试，但随着对产业需求理解的深入，高职院校开始积极设计和实施跨学科课程。例如，设置结合信息技术和生物科技的新专业，培养生物信息学或数字医疗领域的专业人才。通过引入数据科学和商业管理的跨学科课程，学生不仅能够掌握数据分析技术，还能理解商业运作模式，从而培养出具备数据驱动决策能力的管理人才。此外，将工程技术与环境科学相结合的课程设计，培养能够解决复杂环境问题的工程师，这些课程不仅涵盖了工程学的基础理论，还涉及环境保护和可持续发展的内容，确保学生能够设计出符合现代社会需求的工程解决方案。通过与企业和科研机构的合作，高职院校能够将前沿技术和实际应用结合，为学生提供更加丰富和实用的课程内容。这种跨学科的教育模式，不仅丰富了学生的知识体系，还提高了他们的创新能力和适应性，从而能够为新兴产业培养出具有综合

第四章　新质生产力驱动的高等职业教育转型策略

能力和创新思维的复合型人才。

(五)案例驱动的实践教学与企业合作创新

案例分析与实践是高等职业教育的重要组成部分，尤其在培养学生应对实际工作挑战的能力方面发挥着关键作用。通过案例驱动的学习模式和企业合作项目，学生能够将课堂中学到的理论知识与现实应用相结合，获得宝贵的实践经验。高等职业教育的核心在于理论与实践的紧密结合。虽然在早期这种结合主要依赖传统的课堂教学和实验室模拟，但随着与企业合作的深入，高职院校开始为学生提供更多参与真实企业项目的机会，帮助他们积累实际工作经验，并培养项目管理能力。例如，学生在参与企业产品研发项目时，在从市场调研、产品设计、生产制造到市场推广的全流程中，全面了解企业的运作模式与核心业务。这种全方位的参与不仅帮助学生掌握具体技术，还提升了他们的团队协作与项目管理能力。此外，通过参与企业项目的运营管理，学生可以获得在实际工作环境中的宝贵技能，如项目管理、质量控制以及沟通协调等核心能力。为了进一步增强学生的职业素养和竞争力，高职院校还可以与企业合作，邀请行业专家和企业高管开设专题讲座和培训课程，让学生了解最新的行业动态和实践经验。同时，高职院校可以在校内模拟公司运营环境和设置仿真工作场景的实训课程，给予学生实践的机会。这种基于案例分析的实践教学模式，强化了学生的理论应用能力，也提高了他们在实际工作中的适应性和解决问题的能力，确保学生在毕业后能够迅速融入职场，具备迎接新兴产业挑战的综合能力。

第二节 产教深度融合的路径与实践

在新质生产力的推动下,产教深度融合成为高等职业教育转型的关键方向。通过校企合作新模式的探索、高水平职业院校和高水平专业群的建设以及深化产学研合作与政策支持,高等职业教育不断提升教育质量和学生就业能力。这一系列措施不仅满足了全球化和技术革命背景下的复杂技能人才需求,还推动了教育与经济的共同发展。

一、校企合作新模式探索

在新质生产力的推动下,产教深度融合成为高等职业教育改革的关键方向。校企合作新模式的探索,对于提高教育质量和学生就业能力至关重要。这一模式能够更好地满足全球化和技术革命背景下的复杂技能人才需求,促进教育与经济的共同发展。

(一)初步尝试校企合作,调整教育模式

在全球化和技术革命的初期,面对企业对员工日益复杂和多样化的技能要求,传统的教育模式显得力不从心。为了应对这一挑战,高等职业教育开始迈出与企业合作的第一步,尝试让企业参与课程设计,为学生提供实习机会,以期使学生能够更好地掌握实际操作技能。这一阶段的校企合作还处于摸索阶段,主要是基于学校的需求进行反应性的调整,企业参与的程度和深度相对有限。然而,这一初步尝试为后续双方的深度合作奠定了基础。高职院校在这一过程中逐渐意识到,与企业合作不仅可以更好地了解市场需求,还能实时调整教学内容和方法,以提高教育的针对性和实效性。学生通过在企业中的实践,能够更快地适应工作

第四章 新质生产力驱动的高等职业教育转型策略

环境,掌握最新的技术和操作流程,增强自身的就业竞争力。与此同时,企业也逐步认识到,参与高等职业教育可以获得符合自身需求的高素质技能人才,减少招聘和培训成本。教育与产业的初步融合,逐步打破了传统教育与实际工作脱节的局面,为高等职业教育的进一步发展和深化合作奠定了坚实的基础。这种初步尝试不仅促进了教育模式的调整和优化,也为后续更广泛和深入的校企合作提供了宝贵的经验。

(二)深化校企合作,实现资源共享与共赢

随着新质生产力的快速发展,高等职业教育进入了战略性适应阶段。在这一阶段,学校开始主动出击,与企业建立深度合作关系,共同设计和实施课程,实现理论与实践的紧密结合。双主体参与模式成为这一阶段的重要特征,企业不仅提供实习和就业机会,还积极参与到课程设计和教学实施中,与学校共同打造无缝对接的教育与产业良性循环。同时,技术驱动的合作平台也开始兴起,通过在线学习、虚拟实习等方式,打破时间和空间的限制,增强校企之间的互动和协作。这种战略性的深度融合,使得学校和企业能够实现资源共享、优势互补和互利共赢,共同推动高等职业教育的发展。通过与企业的紧密合作,高职院校可以更准确地了解行业发展动态和市场需求,从而及时调整和优化课程设置,确保学生所学内容与实际需求相匹配。企业在合作过程中,可以利用高职院校的科研资源和人才优势,提升自身的创新能力和技术水平。同时,高职院校和企业还可以共同申请各类科研项目和政府资金,进一步促进产学研结合,推动技术创新和成果转化。这种全方位的合作模式,不仅提高了高等职业教育的质量和效率,也为学生提供了更多的实践机会和更广阔的职业发展空间,使其在毕业后能够迅速适应工作环境,满足企业的实际需求。

(三)构建长期合作关系，共创产教融合新未来

在融合性适应阶段，学校与企业之间的合作关系进一步升华，形成了长期战略合作关系。双方签订长期合作协议，共同投资人才培养和技术开发，确保合作的稳定性和可持续性。这种深度融合不仅体现在教学和实习方面，还涉及科研合作、技术创新等多个领域。学校和企业共同构建了一个产教融合的新生态，共同推动技术创新和人才培养。同时，政府和行业协会也通过提供财政补贴、税收优惠等激励措施，鼓励企业积极参与产教融合，为这一模式的深入推进提供了有力保障。在这一阶段，高等职业教育不仅满足了市场的需求，还成为经济发展的引领者和创新者，与经济社会发展实现了深度融合和共同发展，共同开创产教融合的新未来。通过这种长期合作，高职院校能够获得更多的行业资源和技术支持，使得教学内容更加贴近实际应用。企业也通过与学校的合作，培养出更符合自身需求的高素质技能人才，提升了自身的竞争力。此外，校企双方还共同参与国家和地方的重大科研项目，共享研发成果，实现技术突破和产业升级。高职院校利用企业提供的实训基地和设备，提升了学生的实践能力和就业竞争力，而企业通过学校的科研成果和创新人才，推动了自身的发展和技术进步。这种多方共赢的局面进一步巩固了产教融合的基础，使高等职业教育在国家经济发展和产业转型升级中发挥了更加重要的作用。

这一模式不仅提升了学生的实践技能，更为企业提供了高质量的人才储备。通过不断深化合作，高等职业教育不仅提升了自身的教育质量，还为经济社会的发展提供了源源不断的动力和创新力。校企合作的新模式，不仅是教育改革的重要方向，更是社会经济发展的强大引擎。

二、"双高计划"与职业本科教育的推进

中国特色高水平高职学校和专业建设计划（以下简称"双高计划"）作为中国高等职业教育的重要发展策略，致力通过高水平职业院校和专业群的建设，推动职业教育质量的整体提升。这一计划与职业本科教育的推进紧密相连，目标是培养能够适应现代产业发展的高技能、高素质专业人才。随着工业化、信息化、全球化的深入发展，对高技能人才的需求不断增长，现有的高等职业教育体系在质量和效率上往往难以满足这些需求。因此，"双高计划"的实施显得尤为重要，它通过系统性的资源整合和政策支持，旨在解决现有问题，提升教育质量和服务产业的能力。在这一过程中，高等职业教育逐步深化了与产业发展的紧密结合。

（一）打造高水平职业院校：提升教育质量与产业服务能力

"双高计划"的核心目标是打造一批高水平职业院校，以此为示范引领整个高等职业教育体系的提升。高水平职业院校关注产业发展趋势，通过引进先进的教育理念、现代化的教学设备和一流的师资力量，显著提升了教育质量，并增强了高等职业教育服务产业的能力。例如，深圳职业技术大学作为"双高计划"的受益者，引进了国际先进的教学设备和教育资源，并与华为、腾讯等知名企业合作，共同提升学校的整体教育质量。该校开设了与产业发展紧密相关的专业，如智能制造、新一代信息技术等，使学生能够在毕业时具备与产业需求高度匹配的技能，显著提高了学生的就业率和就业质量。此外，高水平职业院校还进一步与产业深度融合，共同制订人才培养方案，实现教育资源与产业资源的优化配置。例如，天津中德应用技术大学与德国企业合作，共同构建了以"智能制造"为核心的专业群，通过引进德国先进的职业教育理念和教学模式，培养了一大批具有国际视野和高技能水平的人才。这种深度的校

企合作不仅提升了学校的教育质量,也为企业提供了稳定的人才支持。

(二)构建高水平专业群:满足现代产业对高技能人才的需求

随着"双高计划"的深入实施,高等职业教育强调高水平专业群的建设,以满足现代产业对高技能人才的需求。发展高水平专业群,可以确保课程设置和教学内容紧跟产业发展,培养适应新技术、新业态的高素质技能人才。例如,南京工业职业技术大学针对新能源汽车产业的需求,构建了新能源汽车技术高水平专业群,与比亚迪、宁德时代等领军企业合作,共同开发课程体系和实训项目。这种紧密的产业对接不仅使学生能够学到最新的技术和行业最佳实践,也为企业提供了源源不断的高技能人才和技术支持。同时,高水平专业群还进一步与产业融合,形成产教深度融合的良性循环。例如,浙江机电职业技术大学的智能制造专业群与当地的多家制造企业共同构建了产教融合实训基地,实现了学校与企业在生产、教学、科研等多方面的深度融合。这种深度的产教融合不仅提升了学生的实际操作能力和创新能力,也推动了企业的技术创新和产业升级。

(三)深化产学研合作与创新课程体系:推动技术研发与成果转化

在高等职业教育与产业的深度融合阶段,产学研合作成为职业本科教育的重要策略之一。例如,常州信息职业技术学院与当地的科研机构和企业合作,共同研发了基于大数据和人工智能的智能物流系统,并将这一成果成功转化为实际应用。同时,该校还全面更新了信息技术专业的课程体系,新增了多个跨学科课程模块,如物联网技术、云计算与大数据等,并强化了项目导向、案例教学和团队协作的教学方法。这些创新举措不仅提升了学生的实际操作能力和创新能力,也为企业提供了源源不断的技术支持和创新动力。通过这种合作，学校能够及时掌握行业前沿动态，将最新的技术成果纳入课程内容，使学生在学习过程中接触到最先进的技术和理念。此外，企业通过与学校的合作，可以利用学校的科研力量和人才资源，加速技术研发和创新成果的转化。政府和行业协会的支持也为这种合作模式提供了有力保障。例如，财政补贴和税收优惠政策的实施，使得企业在参与产学研合作时更具积极性和主动性。高职院校通过与企业和科研机构的紧密合作，打破了学科壁垒，促进了多学科交叉融合，培养出既具备扎实理论基础又掌握先进技术的复合型人才。这种深度的产学研合作，不仅推动了技术研发和成果转化，还为区域经济的发展和产业升级提供了强有力的支持。

（四）强化政策支持与激励机制：促进校企合作与教育现代化

政策支持与激励机制是推动"双高计划"实施的重要保障。在高等职业教育逐步深化与产业发展的紧密结合过程中，政府和行业协会通过提供财政补贴、税收优惠和其他形式的激励措施，有效调动了企业参与职业教育的积极性，促进了校企合作的深入开展。例如，江苏省政府出台了一系列鼓励企业参与职业教育的政策措施，包括向参与校企合作的企业提供财政补贴、税收优惠和技术研发支持。通过这些政策激励，许多企业积极参与高等职业教育的合作，不仅为学生提供实习和就业机会，还在课程设计、教学实施和科研合作等方面作出了重要贡献。这些政策支持和激励机制为"双高计划"的顺利实施提供了有力保障，也推动了高等职业教育与产业的深度融合与共同发展。通过这些措施，高职院校能够更加灵活地调整专业设置和课程内容，紧跟市场需求和技术发展。企业也因此能够在实际操作中培养和发现人才，进一步促进技术创新和产业升级。教育现代化的步伐因此大大加快，信息化、智能化手段在教学中的广泛应用，使得教育质量和效率显著提升。政府还通过专项资金支持和项目扶持，鼓励高职院校与企业共同开展科研项目和技术攻关，推动科技成果的快速转化和应用。教育与产业的深度融合不仅提升了学生的就业能力和职业素养，也为区域经济的高质量发展注入了新动能。这些多层次、多领域的政策支持和激励措施，为校企合作和教育现代化提供了强大的动力和有力的保障。

第三节 教师队伍建设与科研创新能力提升

教师队伍的建设和科研创新能力的提升成为高等职业教育转型的重要任务。培养高素质的"双师型"教师和构建强大的科研创新平台，是实现教育与产业深度对接的关键举措。通过这些努力，高职院校能够提升教学质量和科研水平，更好地满足新质生产力的发展需求。

一、高素质"双师型"教师队伍建设

教师队伍的建设尤为关键，特别是构建一支高素质的"双师型"教师队伍。这种教师队伍不仅能够提高教学质量，还能促进科研和产业的深度融合，实现教育内容与产业需求的对接。"双师型"教师，即具备较高理论水平和丰富实践经验的教师，能够在教学中实现知识与实践的有效结合。高等职业教育的"双师型"教师队伍建设是一个逐步深化、不断满足产业发展需求的过程，它经历了从关注教师个体素质提升，到注重产学研结合，再到强调跨界能力培养的三个阶段，旨在培养和引进一批行业经验丰富、教育技能专业的教师，以满足新质生产力发展对高技能人才的需求。

（一）强化教师双重认证，促进理论与实践融合

在"双师型"教师队伍建设的初期，学校开始关注教师个体素质的提升，特别是教师在教育理论与行业实践两方面的综合能力。例如，为推动教师同时获得教育部门和相关行业的双重认证，某高职院校实施了教师双重认证制度，要求教师在获得教育部门认证的同时，通过行业协会的职业资格认证。通过这一措施，教师不仅提升了自身的教学能力，还增强了对行业最新技术和实践的理解，能够更好地将理论与实践结合，提升学生的学习效果。这种产学研结合的人才引进方式，有效促进了教师队伍从单一的教学型向"双师型"转变。

（二）深化校企合作，提升教师行业实践经验

随着"双师型"教师队伍建设的深入推进，学校开始重视与企业和研究机构的合作，通过引进行业内专家，丰富教师的行业实践经验。很多高职院校与当地的大型科技企业合作，定期邀请企业的高级工程师担任兼职教师，直接参与学校的教学活动。这些工程师不仅带来了最新的技术和行业知识，还通过实际项目和案例教学，帮助学生理解和应用所学知识，提升了教学效果和学生的实践能力。这种深度的校企合作不仅提升了教师的专业水平，也为学生提供了最新的行业动态和实践经验，进一步推动了"双师型"教师队伍的建设。

（三）鼓励跨界能力，促进新兴技术在教学中的应用

在"双师型"教师队伍建设的深化阶段，学校开始强调在使教师掌握专业知识的同时，培养其跨学科教学能力，推动信息技术、人工智能等新兴技术在专业教学中的应用。为此，某高职院校建立了一套完善的教师评价体系，涵盖教学质量、科研成果、学生反馈等多个维度。学校

根据评价结果,对表现突出的教师给予奖励,包括奖金、晋升机会和荣誉称号。同时,学校还支持教师参加新兴技术的培训课程,如人工智能和大数据分析等。回校后,这些教师将所学的新兴技术应用到课堂教学中,开发了跨学科课程模块,如智能制造与物联网、区块链技术等,极大地丰富了课程内容,提高了学生的学习兴趣和实践能力。通过这种激励与评价体系的建立,教师的跨界能力得到了显著提升,"双师型"教师队伍的建设也取得了更加显著的成效。

二、教师科研与技术创新平台构建

教师的科研和技术创新能力是高等职业教育转型的重要驱动力。为了构建专门针对教师的科研与技术创新平台,我们需要采取一系列关键措施,并确保这些措施可以自然地融入平台的整个发展过程。

(一)整合资源,奠定科研基础

首先,需要整合校内外资源,为教师提供高标准的科研环境。这包括利用现有的研究机构,或与企业、行业协会及其他教育机构合作,共建实验室和研究中心。例如,南京工业职业技术大学与西门子公司合作,共同建立了一个先进的智能制造实训中心,配备了最新的自动化设备和工业软件,为教师提供了与国际接轨的科研和实践环境。这样的合作不仅提升了教师的科研水平,还使学生能够接触到最新的工业技术,实现教学内容与产业需求的无缝对接。此外,整合资源的过程还应包括对教师进行专业培训和技能提升,以确保他们能够熟练使用这些先进的设备和技术,最大化科研平台的利用效率。

(二)鼓励跨学科合作,拓宽科研视野

随着平台的初步建立,要鼓励跨学科的研究团队组建。将教师与不

同领域的专家聚集在一起，进行联合研究，以产生新的创意和解决方案。例如，天津职业大学成立了一个跨学科研究团队，成员涵盖了生物技术、环境工程和食品科学等多个领域，他们致力于研究可持续发展的生物能源技术，并成功开发出一种高效的生物柴油生产工艺。这种跨学科的合作方式，不仅拓宽了教师的科研视野，还为学生提供了跨学科的实践机会，培养了师生的创新思维和解决问题的能力。此外，跨学科合作还可以通过举办学术研讨会和论坛，促进教师之间的学术交流，激发更多的研究灵感和创新思维。

（三）深化产学研合作，实现共赢发展

在平台的成熟阶段，应积极寻求与企业的合作项目，将教师的研究方向与企业的技术需求紧密结合。例如，上海工程技术大学与一家知名的新能源汽车制造企业合作，共同开发了一套先进的电池管理系统。这不仅提升了教师的科研水平，还为企业提供了高质量的技术支持。同时，该校创立了一套完善的科研成果评估与奖励系统，以及知识产权保护机制，确保科研成果的产权归属和商业利益得到合法保护。这样的深化产学研合作实现了教育与产业的共赢发展。此外，产学研合作的深化还需要建立长期的合作机制，通过签订长期合作协议，确保合作的稳定性和持续性，为教师科研平台的可持续发展提供坚实的保障。

第四节 教育模式的适应性改革与核心能力培育

在新质生产力的背景下，教育模式的适应性改革与核心能力的培育成为高等职业教育改革的重点方向。通过以学生为中心的教学改革，以

新质生产力驱动下高等职业教育适应性转型策略研究

及对学生实践能力、创新精神与工匠精神的培养，高等职业教育正在不断提升教学质量和学生的职业竞争力。本节将详细探讨这些改革措施及其在各个领域的具体实践。

一、以学生为中心的教学改革

（一）未来导向：逆向设计高等职业教育的新教学

在高等职业教育领域，逆向设计正成为一种创新的教学策略。例如，浙江工业职业技术学院就是一个典型的逆向设计案例。该校与阿里巴巴、京东等多家电商巨头合作，共同设计了针对电子商务行业的课程体系和教学内容。该校不仅注重理论知识的传授，还强调实践操作和实习实训，为学生提供了个性化的学习路径和与行业紧密相关的实践机会。通过这种逆向设计模式，学生能够更好地适应电子商务行业的快速发展，成为未来的行业领军人物。此外，这种逆向设计的教学方法也在其他领域得到广泛应用，为高等职业教育注入了新的活力和创新动力。比如，在机械制造领域，一些学校与知名制造企业合作，设计出涵盖最新制造技术的课程体系，确保学生在毕业时能够掌握行业前沿技术。类似地，在医疗卫生领域，职业院校与医院及医药公司合作，通过逆向设计，开发了满足临床实践需求的课程和实训项目，使学生在学习期间就能接触到实际的医疗操作和最新的医疗技术。这些案例充分体现了逆向设计在高等职业教育中的重要作用：通过与行业的紧密结合，使学生不仅具备扎实的理论基础，还能在实践中不断提升其技能和竞争力。

（二）破茧成蝶：重塑高等职业教育中的学习之旅

高等职业教育的核心在于满足每个学生的独特需求，帮助学生实现职业目标。天津职业技术师范大学就是一个很好的例子。该校注重构建个性化学习路径和项目式学习,让学生在实际环境中应用所学知识,培养学生动手能力和创新思维。学校与多家制造企业合作,开展校企合作项目,让学生参与到企业的实际生产中去,提升他们的实际操作能力和团队合作精神。同时,学校还提供丰富的在线学习资源和实践机会,让学生可以根据自己的兴趣和职业规划选择适合的学习路径。这种个性化和与实践相结合的教育方式,不仅提升了学生的就业能力,还增强了他们在未来职场中的竞争力。通过与企业的合作,学生能够接触到真实的工作环境,了解行业最新技术和发展趋势,积累宝贵的实践经验。此外,学校还通过定期举办技能竞赛和创新项目,激发学生的创造力和自主学习能力,让他们在实际操作中不断磨炼和提升自己的专业技能。这种全方位、多层次的教育模式,使学生不仅具备扎实的理论基础,还能够在复杂多变的实际工作环境中灵活应对挑战,成为真正的复合型人才。

(三)智能学徒:高等职业教育中的个性化学习革命

智能平台和大数据分析正在高等职业教育中引发一场个性化学习的革命。新加坡的南洋理工学院(Nanyang Polytechnic)就是一个典型的例子。该校利用智能学习管理系统,分析学生的学习数据和行为模式,为他们提供个性化的学习资源和课程建议。这种智能化的教学方式使得学习过程更加贴合学生的个人兴趣和职业规划。同时,智能平台的应用也使得教育资源的配置更加高效,使每个学生都能得到最适合自己的学习支持和发展机会。通过这种平台,学生能够实时跟踪自己的学习进度,及时发现和攻克知识盲点。教师也可以利用平台的数据分析,针对每个学生的具体情况制订个性化的教学计划,提升教学效果。此外,学校还引入了虚拟现实和增强现实技术,为学生提供沉浸式的学习体验,让他们能够在虚拟环境中进行实践操作和模拟训练。这些技术不仅提升了学生的学习兴趣和参与度,还大大提高了他们的实际操作能力和解决问题的能力。通过智能平台和新兴技术的结合，高等职业教育正在实现从传统的统一教学模式向个性化、智能化教学模式的转变，使得每个学生都能在最适合自己的环境中成长和发展。

（四）合作与独立：高等职业教育中的教学对话

项目式学习和互动教学方法在高等职业教育中发挥着重要作用。美国的斯坦福大学职业学院与硅谷的科技公司合作，开展问题导向学习（Problem-Based Learning, PBL）教学法。学生组成团队，解决实际工作中的问题，如产品开发、市场推广等。通过这种合作与独立相结合的方式，学生不仅提升了实际操作能力，还培养了团队合作精神和批判性思维。这种教学对话的模式，不仅增强了学生的实践能力，还提升了他们的创新能力和解决复杂问题的能力，为他们在未来职场中打下了坚实的基础。学生在项目中担任不同角色，学习如何分工协作，并通过实践探索找到最佳解决方案。教师在此过程中充当导师，引导学生独立思考，同时提供必要的支持和反馈。此外，学校还与企业联合举办创新竞赛，让学生在竞争中展现和提升自己的技能和创意。这种互动教学方法，使学生在模拟真实工作环境中不断锻炼，积累宝贵经验，并通过反思与改进，不断提高自己的综合能力和职业素养。这种教学模式的成功，为全球职业教育提供了有益的借鉴，显示出互动和项目导向学习在培养高素质技能人才方面的巨大潜力。

（五）授人以渔：培养未来职场的批判性思维者

高等职业教育的目标是培养学生的独立思考能力和团队合作能力，使他们能够适应社会变化和职场需求。荷兰的代尔夫特理工大学（Delft University of Technology）在这方面做得非常出色。该校注重培养学生的批判性思维和解决问题的能力，通过结合线上线下教学资源和教师的专业发展支持系统，为学生提供了丰富多样的学习体验和职业发展机会。同时，学校还与企业和社会组织紧密合作，为学生提供实习和就业机会，帮助他们更好地适应未来职场环境。这样的教育模式，不仅提高了学生的综合素质，还增强了他们在国际职场中的竞争力，助力他们成为具有全球视野的专业人才。学校通过举办一系列创新工作坊和跨学科项目，让学生在实践中运用所学知识，进行独立思考和团队协作。此外，代尔夫特理工大学还推行导师制，每个学生都有一位行业专家或学术导师，指导他们的职业发展规划。通过这些举措，学生不仅在学术上取得了进步，还在实际操作和职业素养上得到了全面提升。这种教学模式的成功，展示了培养批判性思维和解决问题能力的重要性，证明了高等职业教育在塑造未来职场精英方面的巨大潜力。

二、实践能力、创新精神与工匠精神培养

（一）全方位提升实践能力

高等职业教育的核心任务是提升学生的实践能力。通过先进的实验室和实训基地，高职院校为学生提供更多的实践机会，使他们能够将理论知识应用于实际操作，解决具体问题。高职院校需要投资建设现代化的实验室，配备行业标准的设备和工具。例如，工程类专业的学生需要使用各种先进的机械设备和实验仪器进行实践操作，而医学类专业的学生则在大学医学院的模拟手术室和解剖实验室中进行专业技能训练。通过这些高标准的实践环境，学生能够熟练掌握专业技能。实训基地的建设同样重要。这些基地可以模拟真实的工作环境，让学生在接近实际工作的条件下进行训练。例如，天津职业技术师范大学与天津一汽合作，建立了一个机械加工实训基地，学生可以在这里使用企业提供的先进设备进行实际操作，提高他们的动手能力和解决问题的能力。通过从实验

室到实训基地的全面覆盖,高职院校能够大幅提升学生的实践能力,使他们能够在未来的工作中更加得心应手。

(二)创新精神的实践阵地

跨学科实践项目能够有效连接理论与实际操作,使学生在解决实际问题的过程中学习和成长,提高他们的综合素质和职业竞争力。跨学科实践项目能够让学生将不同学科的知识和技能结合起来,解决复杂的实际问题。例如,在广州番禺职业技术学院的汽车工程专业课程中,学生不仅需要学习机械原理和汽车构造,还需要在学校的汽车维修和保养实训中心进行实际操作。通过这些实践项目,学生可以将理论知识应用于实际操作,锻炼动手能力和解决问题的能力。同时,学校与本地汽车企业合作,引入实际企业项目,让学生分组合作完成,从项目设计到最终实施都由学生主导,教师提供指导。这种教学模式大大提高了学生的实际操作能力和团队合作精神。学生不仅能够熟悉汽车维修的各个环节,还能在实际操作中发现和解决问题,积累宝贵的经验。此外,学校还定期组织创新竞赛,鼓励学生提出并实现自己的技术改进方案,通过竞赛激发他们的创新潜力和创造力。学生在这些跨学科项目中,不仅掌握了专业知识,还培养了跨学科思维和创新能力,这为他们未来进入职场提供了坚实的基础和强大的竞争优势。

(三)激发学生的创新精神

培养学生的创新精神是应对未来社会挑战的重要手段。通过创客空间和开放式学习环境,高职院校能够激发学生的创新思维和实践能力。创客空间为学生提供了自由探索和实验的场所,鼓励他们进行创新实践。例如,深圳职业技术大学设置了创新实验室,提供各种实验器材和工具,让学生自主进行创新项目。同时,学校还创建了多个创客空间,学生可以在这里使用3D打印机、激光切割机等设备进行各种创新实践。每年，学校都举办创新设计竞赛，吸引大量学生参与，有效培养了他们的创新意识和实践能力。学生在这些竞赛和项目中，通过团队合作和实际操作，体验从创意到产品的全过程。此外，学校还与本地科技公司合作，邀请行业专家为学生提供技术指导和反馈，帮助他们优化和完善创新项目。这种环境不仅提升了学生的动手能力，还培养了他们的独立思考和解决问题的能力。通过在创客空间中进行实际操作，学生能够不断尝试、失败和改进，逐步形成系统的创新思维方式。这种教育模式不仅丰富了学生的学习体验，也为他们未来在高科技行业的职业发展打下了坚实的基础。

（四）结合传统师承与现代标准

工匠精神是高等职业教育中不可或缺的素质。通过传统师承教育与现代质量标准的融合，高职院校能够培养学生对工作的极致追求和精益求精的态度。传统的师承教育模式应被恢复和强化，让经验丰富的老师直接指导学生。例如，北京电子科技职业学院聘请了行业内的专家和技师作为导师，直接指导学生进行实践操作和技能训练。同时，教育过程中应不断强调质量的重要性。例如，上海出版印刷高等专科学校在建筑工程专业的课程中建立了严格的质量评价体系，学生需要通过多次考核和实际操作评估才能获得毕业证书。这不仅提高了学生的技能水平，还培养了他们的责任心和质量意识。通过师徒制的教学模式，学生在学习过程中不仅获得了技术上的指导，还从导师身上学到了工作态度和职业素养。此外，现代质量标准的引入，使得教学过程更加规范和高效，确保每个学生都能达到行业所需的技术水平。学校还定期邀请行业专家举办讲座，让学生了解最新的行业动态和技术发展。结合实际操作与理论学习，学生能够在真实的工作环境中进行实训，积累丰富的实践经验。

这种教学模式，不仅传承了传统工匠精神，还融入了现代教育理念，为学生的职业发展提供了坚实的基础和广阔的前景。

（五）企业合作与职业适应性的培养

与行业内的企业建立合作关系，为学生提供实习和就业机会，是高职院校增强学生职业适应性的关键路径。例如，浙江金融职业学院与多家知名金融企业建立了长期合作关系，为学生提供了更多实习机会。学生在实习期间可以参与企业的实际项目，学习项目管理和团队合作等关键技能。通过这种企业合作与实习机会，学生能够获得宝贵的工作经验，了解行业动态，增强就业竞争力。实习期间，学生还能够在真实的职场环境中应用课堂所学的理论知识，提升解决实际问题的能力。企业方面，通过与学校合作，可以提前培养和发现符合其需求的高素质人才，降低了招聘和培训成本。学校定期组织学生与企业代表进行座谈交流，了解企业的最新需求和行业发展趋势，并及时调整课程设置和教学内容，确保学生的技能和知识紧跟市场需求。除了实习，学校还鼓励学生在企业导师的指导下，参与创新项目和研发工作，进一步提升他们的创新能力和实践能力。这种紧密的校企合作模式，不仅提升了学生的职业适应性，也为企业和学校创造了互利共赢的局面。

第五章　高等职业教育适应性转型的案例分析

第一节　案例分析：特色专业建设与地方经济发展联动

一、背景与目标

(一) 案例背景

东莞市地处广东省中南部，毗邻广州、深圳，是珠三角地区的重要经济中心。东莞以制造业闻名，被誉为"世界工厂"，在全球产业链中占据重要地位。近年来，东莞市积极推动产业转型升级，致力于从传统制造业向智能制造、信息技术和高端服务业转型。作为一座创新驱动型城市，东莞拥有完善的基础设施和良好的营商环境，为高等职业教育的发展提供了有利条件。东莞职业技术学院（以下简称东职）成立于2009年，是东莞市唯一一所公立高等职业院校。学院坐落于松山湖国家高新技术产业开发区，总面积达75.09万平方米。自成立以来，东职始终紧密依托东莞市的经济和社会发展，以"服务学生成长，支撑东莞制造"为办学理念，迅速发展成为拥有近两万名学生的高职院校。新质生产力的加速形成正在深刻改变东莞的产业结构和经济形态。东职顺应这一趋势，致力于培养适应新质生产力要求的高素质技术技能人才，推动地方经济的高质量发展。在此背景下，东职不断调整专业设置、深化校企合作、建设高标准实训基地，以应对新质生产力带来的挑战和机遇。

第五章　高等职业教育适应性转型的案例分析

（二）合作目标

东职明确提出了"一个中心，两个基地"的战略目标，即建设成为东莞市现代产业技术和人才培养中心、企业综合服务基地和市民终身教育基地。学院致力于通过产教融合和校企合作，提升教学质量和服务水平，推动地方经济发展。

1. 培养高素质人才

作为现代产业技术和人才培养中心，东职的目标是为东莞及周边地区培养高素质的技术技能人才，支持地方产业转型升级，特别是应对新质生产力带来的技术革新挑战。具体措施包括：通过调整专业设置，增加与新质生产力相关的专业，如智能制造、工业机器人技术、物联网等，确保学生掌握前沿技术；同时，引进先进的教学设备和师资力量，提升教学质量。

2. 提供技术支持

作为企业综合服务基地，东职的目标是为地方企业提供技术支持、员工培训和管理咨询等服务，促进企业创新和竞争力提升，尤其是帮助企业在新质生产力背景下实现技术升级和管理优化。具体措施包括：与本地企业建立紧密的合作关系，开展定制化的员工培训和技术服务；建立校企联合实验室和研发中心，推动技术创新和应用；提供管理咨询服务，帮助企业提升运营效率和竞争力。

3. 提供多样化的教育培训项目

作为市民终身教育基地，东职的目标是为市民提供多样化的教育培训项目，提升市民整体素质，推动学习型社会建设，确保市民能够适应快速变化的技术和产业环境。具体措施包括：开设多种形式的继续教育和职业培训课程，包括在线课程、工作坊和证书项目，满足不同年龄段和职业背景市民的学习需求；与社区和政府机构合作，推广终身学习理念，营造良好的学习氛围；建立灵活的学习评价体系，认可和激励市民的学习成果。

二、实施策略

为了实现"一个中心，两个基地"的战略目标，东职制定并实施了一系列策略，确保学院教育与地方经济发展紧密结合，满足新质生产力对高技能人才的需求。

（一）逆向思维：专业设置与市场需求的双向融合

东职不断调整和优化专业设置，重点发展智能制造、物联网、工业机器人技术等新兴专业，以适应"东莞制造2025"规划。东职通过与企业、行业协会等合作，定期开展市场调研，分析产业发展趋势和人才需求变化，确保专业设置与市场需求紧密结合；根据调研结果，灵活调整和优化专业结构，及时引入新兴专业，淘汰不满足市场需求的旧专业，保持教育内容的前沿性和实用性；在引入新专业的同时，加大对现有重点专业的投入，提升其教学水平和影响力，打造特色鲜明的专业群，如东职设立了58个专业，包括机械制造、电子信息、交通运输等领域，紧密对接东莞的五大支柱产业和四大特色产业。

（二）企业化管理：让学生成为企业的"学徒"

东职与超过400家企业建立了合作关系，探索了9种校企合作模式，特别是与华为、恩智浦等公司开展的现代学徒制人才培养合作，帮助学生在实际工作中提升技能。根据企业需求，制订人才培养方案，由企业提供培训资源，学院负责教学管理，实现学生在校期间即参与企业项目，毕业后直接进入企业工作。东职采用"双导师制"，由企业导师和学院教师共同指导学生，通过企业实践和校内学习相结合，提升学生的实际操作能力和职业素养。东职与企业共建校内外实训基地,提供先进设备和真实工作环境,增强学生的实践技能和就业竞争力。学院与企业联合建立了23个省级校内外实践教学基地,为学生提供了更多的实训机会。

(三)模拟真实:实训基地的无缝对接

东职在校内外建立了多个高标准的实训基地,如与本地制造企业合作建立的机械加工实训基地,为学生提供真实的工作环境,提高他们的实践能力。投资建设现代化实验室,配备行业标准设备和工具,如机械设备、电子仪器、模拟手术室等,为学生提供良好的实践条件。与企业合作,在企业内部建立实训基地,让学生在真实工作环境中进行训练,了解企业运作流程和实际工作要求。例如,东职与本地制造企业合作,建立了一个机械加工实训基地,学生可以在这里使用企业提供的先进设备进行实际操作,提高动手能力和解决问题的能力。设计贴近实际工作的实训项目,让学生在实践中学习,掌握实际操作技能,提高就业竞争力。

通过这些实施策略,东职不仅增强了自身的办学能力和竞争力,也为地方经济的发展提供了有力的人才支持和技术服务。新质生产力的发展对高等职业教育提出了更高的要求,东职通过不断创新和优化,实现了教育与产业发展的深度融合,为东莞市的经济转型升级贡献了重要力量。

三、成效评估

东职通过实施一系列创新策略,取得了显著成效,不仅提升了自身的办学水平,还为地方经济的发展作出了重要贡献。

(一)专业实力显著提升:打造特色鲜明的专业群

多个专业被评为省级重点专业和品牌专业,形成了特色鲜明的专业群。这些专业不仅在教学质量上取得了显著成效,还在社会上得到了广泛认可。例如,机械制造、电子信息和交通运输等专业在省级评比中多次获得优秀奖项,学校拥有2个中央财政支持的重点建设专业和6个省级重点专业。这些荣誉不仅提升了学校的社会声誉,也为吸引更多优秀生源和资源提供了有力支持。

(二)高就业率与就业质量:校企合作的显著成效

东职毕业生的就业率长期保持在98%以上,2018届毕业生的本地就业率约为75%,用人单位满意度达到95.7%。学校每年的第一志愿录取率超过115%,在全省高职院校中名列前茅。毕业生在就业市场上表现出色,得到了用人单位的高度认可。通过与企业的紧密合作,东职不仅为学生提供了更多的实习和就业机会,还确保了毕业生具备高水平的实际操作能力和职业素养,使他们在竞争激烈的就业市场中脱颖而出。

(三)职业竞赛中的优异表现:学生综合能力的体现

东职学生在各类职业技能大赛中表现优异,截至2022年,已累计获得近500个奖项,其中包括70多个国家级奖项。学生在这些比赛中展示了扎实的专业技能和创新能力,学校通过加强实践教学和竞赛指导,不断提升学生的综合素质和竞争力。这些成就不仅是对学校教学质量的肯定,也是对学生个人能力的全面检验。

(四)实践能力与创新能力提升:高标准实训基地的建设

通过建立高标准的实训基地和现代化实验室,东职大幅提升了学生的实践能力和创新能力。在机械加工实训基地和其他专业实验室中,学生不仅能进行实际操作,还能参与真实的企业项目,从中积累宝贵的实践经验。东职与企业联合建立的省级校外实践教学基地,提供了更多的实训机会，使学生在校期间就能接触到前沿技术和实际工作环境，显著提升了他们的动手能力和解决问题的能力。

（五）校企合作双赢：协同发展与共生共荣

东职通过与超过 400 家企业的紧密合作，探索了多种校企合作模式，实现了教育与产业的深度融合。企业通过与学院合作，不仅获得了高素质的人才和技术支持，还在生产和管理中引入了新的理念和方法。学院通过与企业的合作，获得了最新的行业信息和资源，能够及时调整教学内容和方法，确保培养的人才满足市场需求。这种双赢的合作模式不仅提升了学校的办学水平，也推动了地方经济的高质量发展。

四、持续改进与未来展望

（一）动态调整课程设置：与行业需求同步前行

为了确保课程内容始终与市场需求保持同步，东职将持续动态调整课程设置。这一举措旨在使教育内容与快速发展的行业需求和技术进步紧密结合，确保学生在毕业时具备市场所需的最新技能。学院将通过定期调研和评估，深入了解企业和行业专家的反馈，确保课程体系能够及时反映行业的最新趋势和需求。这种动态调整不是课程内容的简单更新，而是对整个课程体系的前瞻性和适应性进行优化。例如，随着人工智能和物联网技术的迅猛发展，学院可以迅速在课程中加入这些新兴领域的相关内容，使学生不仅掌握基础理论，还能熟练应用最新技术。这种灵活的课程设置将帮助学生在毕业后能够立即适应职场需求，提升就业竞争力，并为企业提供高素质的技术人才，推动行业的创新和发展。

（二）深化校企合作：探索多元化合作模式

东职将进一步深化与企业的合作，拓展合作领域和合作的深度，积极探索多种形式的校企合作模式。在现有实训基地和项目合作的基础上，学院将尝试引入联合研发、订单培养等新模式，以提升校企合作的效益和质量。这些新模式旨在更加紧密地结合教育与企业需求，为学生提供更丰富的实践机会和更直接的职业通道。通过联合研发项目，学生将有机会直接参与企业的创新过程，接触到最前沿的技术和实际的应用场景，从而获得宝贵的第一手实践经验。这种直接参与不仅增强了学生的动手能力，还让他们在毕业前就能适应真实的工作环境，缩短从学校到职场的过渡期。订单培养模式则根据企业的具体需求，定制化地培养高素质技能型人才。通过这种模式，学院能够为企业提供量身定制的专业人才，确保毕业生的技能与企业的实际需求高度契合，实现毕业生与工作岗位的无缝衔接。这种合作模式不仅提升了教育的实效性，也为企业输送了更加适用的人才，形成了教育与产业的良性互动。

（三）提升师资水平：打造高素质教师团队

为了提升师资队伍的整体水平，东职将采取多种措施引进高层次人才，并加强现有教师的培训和进修。学院将积极引进具备丰富行业经验和专业背景的高层次人才，以充实和优化教师团队的专业结构。同时，为确保现有教师能够持续提升教学水平，学院将大力鼓励教师开展教学研究和实践创新，推动教学质量的不断提高。学院还计划通过定期组织教师参加企业培训和行业研讨会，帮助他们及时更新专业知识，确保教学内容始终与行业的发展保持同步。这些培训和研讨活动不仅能够让教师掌握最新的行业动态，还能使他们在教学中融入更多的实际应用案例，提高课堂的实用性和吸引力。此外，东职将引入企业技术专家担任兼职教师，充分利用他们的实践经验和行业背景，增强教学团队的实践能力。企业不仅为学生带来了最前沿的行业信息和技术，还为他们提供了更全面的指导和帮助，使学生在校期间就能接触到真实的行业挑战和解决方案。这一举措将大大提高学生的实践能力和就业竞争力，使他们在毕业后能够更好地满足职场需求。

（四）打造品牌专业：构建独特办学特色

东职将致力于将智能制造技术专业打造成学校的品牌专业，形成独特的办学特色和竞争优势。为实现这一目标，学院将持续优化课程设置，确保课程内容紧跟行业发展趋势，并结合最新的技术进步，使学生能够掌握前沿的专业技能。与此同时，学院将着力提升师资水平，通过引进高层次人才和加强现有教师的培训，打造一支具有丰富教学经验和行业背景的高素质教师队伍。在深化校企合作方面，学院将积极探索与智能制造领域领先企业的多层次合作模式，通过共建实训基地、联合研发项目、订单式培养等多种形式，进一步提升专业的教学质量和实践水平。这些举措不仅将为学生提供更多的实践机会，也将提升他们的就业竞争力，确保毕业生在职场中具有明显的优势。此外，学院计划在总结智能制造技术专业成功经验的基础上，适度扩大专业招生规模，为更多学生提供优质的高等职业教育服务。为了保证扩招后的教育质量，学院将合理规划和配置教育资源，确保每个学生都能享受到高质量的教学和实践指导。通过这一系列的举措，智能制造技术专业将成为学院的亮点和品牌，进一步提高学院的社会影响力和竞争力。

（五）推动国际合作与区域发展：走向全球与本地双赢

在未来，东职将积极推动国际合作与交流，学习和借鉴国外先进的职业教育理念和经验，以进一步提升学院的国际化水平和竞争力。通过引进优质的教育资源，学院将不断提高教育教学质量，为学生提供更多的学习和发展机会。这种国际化视野的拓宽，不仅有助于培养学生的全球化思维，还能增强他们在国际职场中的竞争力。与此同时，学院将继续致力于促进区域经济的发展，通过持续推进高等职业教育改革和创新，培养更多高素质的技能型人才，以支持东莞市智能制造产业的转型升级和高质量发展。学院计划通过与地方企业的深度合作，进一步推动教育与产业的融合，为区域经济的发展提供强有力的人才支撑和智力支持。这种合作不仅将提升地方企业的技术水平和创新能力，也将为学院的学生创造更多的实践和就业机会。通过国际合作与本地发展的双向促进，学院将实现全球与本地的双赢。国际化的教育理念和资源为学院的教育质量提供了新的提升空间，而本地企业的发展需求则为学生的学习和实践提供了广阔的舞台。这一系列举措将有助于东职在高等职业教育领域占据更重要的地位，成为区域经济发展和技术创新的重要推动力量。

第二节　案例分析：国际化视角下的高等职业教育合作

随着新质生产力的快速发展和全球化进程的加快，高等职业教育国际化已成为时代发展的必然趋势。通过国际合作，高职院校不仅可以引进先进的教育理念和教学资源，还能拓宽学生的国际视野并提高学生的国际竞争力。北京信息职业技术学院（以下简称北信）在国际化合作办学中的成功实践，特别是其在埃及设立分校的经验，为高等职业教育的国际化探索提供了参考。

一、合作模式探索

（一）政府引导与多方协作：北信埃及分校的成功模式

通过政府的积极引导和大力支持，北信与埃及苏伊士运河大学及埃及慈善基金会的三方合作，形成了政府引导、高校主体、社会支持的合作格局，确保了项目的政治基础和顺利实施。中埃两国政府在合作初期就为该项目提供了政策上的支持，通过签署合作协议和开展高层次对话，确保了项目的合法性和长期稳定性。政府的引导不仅体现在政策支持上，还包括资金和资源的投入。我国政府通过援助项目，为北信埃及分校提供了现代化实验实训装备，提升了其办学条件。北信作为高校主体，主要负责教学资源的提供和师资力量的派遣，确保教学质量和教育内容的前沿性。埃及苏伊士运河大学则在校园基础设施保障方面发挥了重要作用，提供了良好的学习和生活环境。埃及慈善基金会提供了必要的经费支持，为项目的顺利实施提供了有力的财务保障。

（二）优势互补与资源整合：创新性的分工合作

北信埃及分校的合作模式在明确分工与优势互补方面表现突出，各方充分发挥自身优势，通过资源整合，提升了学校的整体实力。北信在教育资源和师资力量方面具有显著优势，能够提供高质量的教学内容和先进的教育理念。苏伊士运河大学在当地的基础设施和学生资源方面有明显优势，确保了校园环境和学生来源的稳定。埃及慈善基金会提供了强大的资金支持，确保项目的可持续发展。通过三方的资源整合，北信埃及分校不仅提升了自身的教学和科研能力，也促进了各方资源的共享和利用。这种合作模式不仅有利于学生的培养，还推动了中埃两国在教育、科技等领域的深入合作。

（三）专业技术与语言能力并重：国际化与本土化结合的课程设置

北信埃及分校在课程设置上强化"专业技术+中文能力"的办学特色，开设符合当地市场需求和产业发展趋势的专业课程，注重学生中文能力培养。北信埃及分校根据埃及当地的产业发展需求，设置了智能制造、信息技术等专业，确保学生能够掌握前沿的专业技术。通过引入现代化实验实训装备，学生在校期间就能接触到最新的技术和设备，为未来的就业和职业发展打下坚实的基础。在专业课程的基础上，北信埃及分校注重中文能力的培养，开设中文课程，提升学生的语言能力。这种双语教育模式，不仅增强了学生的就业竞争力，还促进了中埃两国之间的文化交流和相互理解。

（四）双向师资培养与质量监控：保障教学质量的关键策略

北信埃及分校通过"引进来"与"走出去"相结合的策略，引进国内外优秀教育人才，并鼓励本校教师赴海外进修学习；同时，建立完善的教学质量监控体系，确保教学质量稳步提升。北信埃及分校积极引进国内外优秀教育人才，丰富了师资队伍的多样性和专业性；鼓励本校教师赴海外进修学习，拓宽教师的国际视野，提升教师的教学水平，确保能够提供符合国际标准的高质量教育；建立了严格的教学质量监控体系，对教学过程进行全方位监督和评估，确保教学质量的持续提升；定期开展教学质量评估和反馈，及时发现和解决教学过程中存在的问题，不断优化教学内容和方法。

（五）持续创新与机制优化：应对国际化合作的挑战

在面对合作过程中的挑战和问题时，北信埃及分校坚持持续创新与优化合作机制，密切关注国际职业教育的发展趋势和动态变化，及时调整办学策略和专业设置。北信埃及分校密切关注国际职业教育的发展趋势，不断引入新的教育理念和教学方法，保持教育内容的前沿性和实用性。北信埃及分校通过开展各种创新活动，如国际学术交流、科研合作等，提升学校的国际影响力和竞争力。针对合作过程中出现的问题，北信埃及分校及时调整和优化合作机制，确保合作的顺利进行。北信埃及分校加强与国内外相关机构和企业的交流与合作，不断拓展合作领域和范围，实现资源共享和互利共赢。

二、文化与教育资源融合

（一）用中文打开新世界：专业教育与语言文化并行

通过培养学生的中文能力，北信埃及分校不仅提升了他们的语言技能，还为其打开了通往中国文化的新世界的大门。这种语言与文化的并行教育，不仅增强了学生的就业竞争力，还促进了中埃两国深层次的跨文化交流。北信埃及分校设置中文课程，培养学生的中文能力，这不仅为学生提供了额外的语言技能，也为他们在国际市场上提供了更多就业机会。学生通过学习中文，可以直接参与到更多的国际项目和合作中，提升自身的职业竞争力。通过中文学习，学生对中国文化有了更深入的理解，这种文化理解不仅体现在语言层面，还包括对中国历史、社会和商业文化的认知。文化的深层次交流，增强了学生的跨文化交际能力，使他们在国际化的职业环境中更加得心应手。

（二）教育资源的逆向流动：从援助到双向共享

北信埃及分校的模式打破了传统的单向援助思维，实现了教育资源的逆向流动与双向共享。苏伊士运河大学和埃及慈善基金会的支持，结合北信的教学资源，形成了一个高效的资源整合平台，提升了整体教育质量。传统的国际教育援助通常是单向的，即由发达国家或机构向发展中国家提供支持。然而，北信埃及分校通过三方合作，形成了资源的双向流动。苏伊士运河大学提供基础设施，埃及慈善基金会提供资金支持，而北信提供教学资源和师资力量，这种多方合作模式实现了资源的高效整合。三方合作的模式不仅提高了资源利用效率，还促进了各方资源的共享。例如，北信的先进教学资源和实验实训装备通过援助项目引入埃及，提升了当地的教育质量。这种共享模式使教育资源得到了最大化利用，提高了整体教育质量和效率。

（三）国际标准本地化：全球视野下的本土课程定制

在北信埃及分校，课程体系的设计既遵循国际职业教育标准，又充分考虑了埃及本地市场需求。通过这种国际标准与本土需求相结合的课程定制，学生不仅具备了全球视野，还能满足本地就业市场的特殊要求。北信埃及分校在课程设置上严格遵循国际职业教育标准，确保学生能够掌握前沿的专业知识和技能，具备全球竞争力。课程内容涵盖了智能制造、信息技术等，学生在学习过程中能够接触到最新的行业发展动态。同时，课程设计也充分考虑了埃及本地市场的需求。学校通过调研，了解当地产业发展的趋势和企业的用人需求，设置了相应的专业课程。这种本地化的课程定制，使学生在毕业后能够直接满足当地企业的需求，提高了学生的就业率和就业质量。

（四）师资队伍的全球轮岗：跨国教育者的双向流动

北信埃及分校的师资队伍建设引入了全球轮岗机制，教师不仅从中国到埃及任教，也有埃及教师到中国进修。这种教师跨国的双向流动，不仅拓宽了教师的国际视野，还促进了教学方法和经验的双向交流与融合。北信埃及分校推行教师全球轮岗机制,选派优秀教师到埃及任教,带去了先进的教学理念和方法。同时,北信埃及分校邀请埃及教师到中国进修学习,了解中国职业教育的成功经验。这种双向流动不仅拓宽了教师的国际视野,还提升了他们的教学水平和专业素养。通过教师的双向流动,中埃两国的教学方法和经验得到了充分的交流与融合。北信的教师在埃及任教期间,不仅传授专业知识,还将先进的教学方法引入当地。埃及教师在中国进修期间,学习了新的教学理念和技术,回国后将这些经验应用于实际教学,推动了当地教育质量的提升。

(五)质量监控的国际认证反哺:本地教育国际化的保障

北信埃及分校在建立完善的教育质量监控体系的同时,积极寻求国际认证。这种国际认证不仅保障了教育质量的持续提升,也通过反哺机制推动本地教育的国际化进程,使学生获得全球认可的教育资质。北信埃及分校建立了严格的教育质量监控体系,对教学过程进行全方位的监督和评估,确保教学质量的持续提升。北信埃及分校定期开展教学质量评估和反馈,及时发现和解决教学过程中存在的问题,不断优化教学内容和方法。北信埃及分校积极寻求国际认证,通过国际权威机构的认证,保障了教育质量的国际化标准。这种国际认证不仅提升了学校的国际声誉,也为学生提供了更加优质的教育服务,使他们在国际就业市场上更具竞争力。

三、全球竞争力提升

(一)跨文化工坊:打造多元化职业素养

北信埃及分校通过国际化合作,打造了一个跨文化工坊,使学生能够在多元化的学习环境中培养职业素养,增强他们的跨文化交流能力,开阔其国际视野。北信埃及分校为学生提供了一个多元化的学习环境，使他们有机会与来自不同国家、拥有不同文化背景的同学和教师交流。这种环境极大地拓宽了学生的国际视野，使他们在面对不同文化和工作环境时更加自信和从容。学生通过参与跨文化交流活动，不仅提升了语言能力，还增强了跨文化交流能力，从而在未来的国际职场中更具竞争力。在多元化的学习环境中，北信埃及分校注重培养学生的职业素养，包括团队合作、领导力和创新能力。通过国际化课程和实践活动，学生能够在真实的职业情境中提升这些关键能力。这种跨文化工坊的模式，不仅提高了学生的专业技能，还帮助他们发展出适应全球化职场的综合素质。

（二）全球课堂：引进最前沿的职业教育资源

通过引进中埃两国的优质教育资源，北信埃及分校将全球最前沿的教学理念、课程设置和教学方法融入课堂，显著提升了教学质量和教育竞争力。北信埃及分校充分利用中埃两国政府及合作方的优势资源，引进先进的教学理念、课程设置和教学方法。这些优质教育资源的引入不仅丰富了教学内容，还提高了教育的针对性和实用性。例如，学校引入了智能制造和信息技术等前沿领域的课程，使学生能够学到最新的技术和知识，保持职业竞争力。通过引进国际上最前沿的教学资源，北信埃及分校大幅提升了教学质量。先进的教学方法和技术手段，使教学过程更加生动和有效，使学生的学习体验得到极大改善。教学质量的提升，不仅增强了北信在国际职业教育领域的竞争力，还为学生的职业发展提供了坚实的基础。

（三）国际科研实验室：驱动职业技术创新

北信埃及分校积极参与国际科研合作，建立国际科研实验室，通过汇聚各方优势资源，推动职业技术创新，提升学校的科研实力和创新能力。北信埃及分校与埃及苏伊士运河大学等机构合作，建立国际科研实验室，积极参与国际合作项目。这种合作模式为学校提供了更广阔的学术平台，使师生能够共同开展科学研究，并共享科研成果。通过国际科研合作，北信不仅提升了自身的科研实力，还促进了学科领域的创新发展，推动了职业技术的不断进步。相关国际科研实验室汇聚了中埃两国的优势资源，包括科研设备、技术支持和专业人才。通过这种资源整合，北信能够在职业技术创新方面取得更大的突破。科研实力和创新能力的提升，使北信在国际职业教育领域占据了更加重要的地位，增强了其在全球范围内的竞争力。

（四）全球职业人才培养：契合国际市场需求

北信埃及分校注重培养满足国际市场需求的职业人才，通过国际化教育环境和课程体系，使学生具备扎实的专业知识和技能，熟悉国际规则和标准，满足市场对具备国际视野和跨文化交流能力的人才的需求。北信埃及分校提供国际化的教育环境，使学生在学习过程中能够接触到多元文化，开阔国际视野。学校通过各种国际交流项目和活动，增强学生的全球适应能力。国际化教育环境的打造，使学生能够更好地理解和适应全球化职业环境，提高了他们的就业竞争力。学校根据国际职业教育的发展趋势和市场需求，设置了符合国际标准的专业课程。学生通过学习这些课程，掌握了扎实的专业知识和技能，并熟悉国际规则和标准。这种国际化课程体系的设计，不仅提高了学生的职业能力，还使他们能够在国际市场上更加游刃有余，满足全球市场对高素质职业人才的需求。

（五）国际职教展示厅：提升全球职业教育影响力

北信埃及分校的成功创办和运营，使其成为国际职业教育的展示厅，通过展示教育成果和办学实力，北信埃及分校吸引国际关注和合作机会，传播中国文化，提升国际影响力。北信埃及分校通过展示其在教学、科研和国际合作方面的成果，向国际社会展示了中国职业教育的办学实力和教育质量。这种展示不仅提升了学校的国际声誉，也让学校拥有了更多的国际合作机会。学校通过各种国际教育展览和学术会议，积极展示其教育成就和创新实践，增强了自身的国际影响力。北信埃及分校在国际化教育过程中注重传播中国文化。通过中文课程和文化交流活动，学生能够深入了解和体验中国文化，从而有利于增进中埃两国人民的相互理解和友谊。这种文化传播不仅提升了学生的跨文化交流能力，还增强了我国的软实力，提升了我国的国际地位。

第三节 经验总结与启示

一、成功经验总结

高等职业教育在经济转型和产业升级中发挥着关键作用。通过灵活调整专业设置、深化校企合作和推进国际化办学，高等职业教育不仅培养出高素质的技术技能人才，还有效推动了地方和全球经济的高质量发展。灵活的专业设置确保学生所学内容紧跟技术进步和市场需求，深入的校企合作为学生提供了更多的实践机会和与前沿技术接触的机会，而国际化办学则拓宽了教育视野、拓展了教育资源，并引入了全球先进的教育理念。这些成功经验表明，高等职业教育除培养人才之外，还对经济的持续繁荣和社会的进步产生了深远的影响。

第五章　高等职业教育适应性转型的案例分析

（一）区域经济引擎：高等职业教育驱动新兴产业腾飞

高等职业教育不仅是培养高素质技术技能人才的关键途径，更是推动区域经济转型升级的重要引擎。通过紧密结合地方经济发展需求，高等职业教育能够有效促进新兴产业的快速腾飞，助力区域经济实现高质量发展。高等职业教育应积极响应区域经济的发展需求，通过调整专业设置和课程内容，培养与当地新兴产业相匹配的高素质技术技能人才。以东职为例，该校依托东莞市制造业的优势和产业转型需求，设立了智能制造、物联网等新兴专业，确保学生掌握前沿技术，能够满足市场的实际需求。在区域经济转型升级过程中，高等职业教育发挥了至关重要的作用。东职通过深化校企合作，建设高标准实训基地，为学生提供真实的工作环境和先进的设备，增强了学生的实践能力和就业竞争力，从而为地方产业的转型升级提供了强有力的人才支持。通过这些举措，高等职业教育不仅满足了地方经济的短期需求，还为区域的长远发展奠定了坚实的基础，真正成为推动新兴产业腾飞的重要力量。

（二）政策引领，协同共进：多方力量助推高等职业教育新高地

高等职业教育的发展离不开政府的引导和多方力量的协同合作。通过政策引领、资源投入以及各方的紧密协作，高等职业教育才能实现高效发展，形成新的教育高地。政府的政策支持是高等职业教育发展的重要保障，以东职为例，该校在地方政府的大力支持下，通过政策引导和资源投入，不断提升办学水平和服务能力，推动了高等职业教育的高质量发展。与此同时，高等职业教育的发展也离不开高校、企业和社会力量的协同合作。北信在埃及设立分校，通过与埃及苏伊士运河大学和埃及慈善基金会的三方合作，形成了政府引导、高校为主体、社会力量支

持的合作模式。这种合作模式有效整合了各方的教育资源，确保了项目的顺利实施和持续发展，进一步推动了高等职业教育的国际化进程和教育质量的提升。通过政府的积极引导和各方力量的协同努力，高等职业教育得以在国内外取得显著成效，为经济和社会的发展提供了源源不断的高素质人才。

（三）校企深度融合：构建高等职业教育的产教生态圈

校企深度融合是提升高等职业教育质量和学生就业能力的关键途径。通过密切的校企合作，高等职业教育能够构建一个产教融合的生态圈，实现教育与产业的无缝对接，从而培养出符合市场需求的高素质技术技能人才。东职与400多家企业建立了广泛的合作关系，探索了九种校企合作模式，其中包括与华为、恩智浦等知名企业开展的现代学徒制人才培养合作。这种合作模式让学生在实际工作环境中提升技能，增强了他们的就业竞争力和职业适应能力。校企合作不仅体现在课程设计和人才培养上，还通过共建高标准的实训基地，进一步提升了产教融合的效果。这些实训基地配备了先进的设备，并模拟真实的工作环境，为学生提供了大量的实践机会，使他们在校期间就能够掌握实际操作技能，并积累宝贵的工作经验。东职在校内外建立了多个这样的实训基地，确保学生能够在真实环境中锻炼自己的实践能力和创新能力。通过这些举措，学校有效提升了学生的实际操作水平，使他们能够在毕业后迅速适应职场需求，成为推动产业发展的重要力量。这种校企深度融合的模式，不仅提升了高等职业教育的质量，也为地方和国家的经济发展提供了源源不断的人才支持。

（四）国际化本土化双轮驱动：打造高等职业教育的全球竞争力

高等职业教育在全球化背景下，应结合本地需求，构建具有全球竞争力的教育体系。通过国际化与本土化的双轮驱动，高等职业教育能够培养出具备国际视野和竞争力的高素质技术技能人才。北信在这方面作出了成功的探索，通过在埃及设立分校，结合当地市场需求和产业发展趋势，设置专业课程，专注于培养适应国际市场的高素质技术人才，从而大大提升了其国际竞争力。学校在课程设置上注重"专业技术＋中文能力"的办学特色，不仅强化专业技术教育，还特别关注学生中文能力的培养，这一举措拓宽了学生的国际视野并提升了学生的职场竞争力。通过这种本土化与国际化的结合，学生不仅能够掌握先进的技术技能，还能够在跨文化环境中自如地交流和工作，成为具有国际竞争力的人才。此外，北信在其埃及分校推行教师全球轮岗机制，选派优秀教师到埃及任教，并邀请埃及教师到中国进修学习。这种双向交流机制，不仅提升了师资水平和教育质量，还促进了教育资源的全球共享与流动。通过这种国际化与本土化相结合的双轮驱动模式，高等职业教育得以在全球范围内增强竞争力，培养出更满足未来全球市场需求的技术人才，同时扩大了我国职业教育在国际舞台上的影响力。

（五）创新为魂，质量为本：铸就未来高技能人才摇篮

创新和质量是高等职业教育发展的核心驱动力，通过持续创新和严格的质量监控，高等职业教育能够不断提升教学水平，培养出符合新时代需求的高素质技术技能人才。东职和北信在这方面作出了卓有成效的探索，两校都将持续创新作为提升教育质量的重要途径。东职通过市场调研，灵活调整和优化专业结构，确保专业设置与市场需求保持紧密结

合。这种动态调整机制使得学院能够及时引入新兴行业的前沿技术,确保学生所学内容的实用性和前瞻性,从而更好地满足市场对高技能人才的需求。北信埃及分校则建立了严格的教育质量监控体系,通过定期评估和反馈,确保教学质量的持续提升。学校还积极寻求国际认证,确保教育质量符合国际化标准,这不仅提升了学校的国际声誉,也为学生的全球职业发展提供了保障。通过将创新与质量管理紧密结合,学校在全球范围内树立了高水平职业教育的标杆,成为培养未来高技能人才的摇篮。这种坚持创新为魂、质量为本的理念,不仅确保了教育内容的前沿性和实用性,还为学生提供了高质量的职业教育,为他们未来职业成功打下坚实基础。

二、关键挑战与应对策略

面对全球化和技术进步的迅猛发展,高等职业教育面临着保持竞争力和适应性的诸多挑战。为应对这些挑战,高职院校需要在多个关键领域采取创新策略。首先,跨文化培训是培养学生全球化适应能力的重要途径。其次,教材本土化是将国际先进理念融入本地教育的关键。校企合作需要进一步深化,以确保学生掌握最新的行业技能和实践经验。再次,师资队伍的国际化水平必须提升,应通过引进国际化教师和加强教师国际培训,为学生提供高质量的教育。最后,增强学生的国际化适应能力也是关键,通过国际交换、双学位项目和海外实习,学生能够更好地适应全球职场。通过这些策略,高职院校可以有效应对全球化和技术进步带来的挑战,确保教育的持续竞争力。

(一)跨文化培训与交流:克服语言与文化障碍

随着全球化进程的加快,高职院校面临着语言和文化障碍带来的诸多挑战。要在全球化背景下培养具备国际竞争力的技术技能人才,高职院校必须有效解除这些障碍。北信在埃及设立分校的经验，为应对语言和文化差异提供了宝贵的经验。在北信埃及分校的办学过程中，北信不仅结合当地市场需求和产业发展趋势设置了专业课程，还特别注重学生中文能力的培养。这种注重语言能力和跨文化适应能力双重提升的做法，确保了学生在跨文化环境中能够自如地交流和学习。高职院校要借鉴这种做法，进一步加强多语种教学，通过引入多语言课程和跨文化交流内容，帮助学生和教师更好地应对全球化带来的语言挑战。同时，提供丰富的跨文化培训项目至关重要。通过这些项目，学生和教师不仅可以提升语言能力，还能够深入了解不同国家的文化背景，增强他们在全球化职场中的适应性。此外，高职院校应大力鼓励师生参与国际交流项目，如国际交换生计划、海外实习、跨国合作研究等。这些交流项目为师生提供了直接接触和体验不同文化的机会，帮助他们打破文化隔阂，提升跨文化沟通能力，拓宽全球视野。通过这种方式，学生能够在不同文化背景下锻炼自身的技术技能，增强在国际市场中的竞争力。跨文化培训与交流不仅有助于学生和教师克服语言和文化障碍，还能够帮助高职院校培养出真正具备全球视野和适应能力的高素质技术技能人才。这种全球化的教育模式，为学生和教师打开了更广阔的发展空间，也为高职院校在国际舞台上的竞争力提升奠定了坚实基础。

（二）教材本土化改编：结合国际先进性与本地需求

高等职业教育教材在国际先进性与本地需求之间的平衡，是未来高等职业教育面临的重要挑战之一。在引进国际先进教学理念和内容的同时，确保教材能够切实满足本地市场需求，是提升教学质量和学生就业竞争力的关键。东职和北信在专业设置和课程内容上，已经很好地结合了本地市场需求，提供了宝贵的经验。

未来，高职院校应进一步深化这种做法，根据本地市场的实际需求和学生的特点，对引进的国际教材进行本土化改编。通过与国际职业教育机构的合作，高职院校可以引进最前沿的教学理念和内容，并在此基础上，结合当地产业发展的具体要求进行调整和改编。这种本土化的教材不仅能够保持国际教材的先进性，还能确保其内容的实用性和针对性，使其更加贴合本地学生的学习需求和职业发展路径。此外，本土化改编不仅涉及内容的调整，还包括教学方法的本土化。教师应根据学生的文化背景、学习习惯和实际能力，对教材内容进行适当的取舍和对讲解方式的调整，使教材更容易被学生理解和掌握。在这一过程中，本地教师的参与和反馈至关重要，他们可以根据多年教学经验，对教材进行实地检验和优化，确保教学效果的最优。通过这种方式，高职院校能够为学生提供更加适合本地市场的教育内容，培养出既具备国际视野，又能够满足本地产业需求的高素质技术技能人才。这种国际与本土的结合，不仅提升了教学的实效性，还为学生的职业发展打下了坚实的基础，确保他们在日益全球化的职场中具备强大的竞争力。

（三）校企合作机制：协调利益实现双赢

在深化校企合作的过程中，如何有效协调学校与企业的利益，实现双赢，是高等职业教育面临的重大挑战。东职通过与400多家企业建立多种校企合作模式，为学生提供了丰富的实践机会和真实的工作环境，积累了宝贵的经验。未来，高职院校应进一步建立和完善校企合作机制，明确双方的权利与义务，确保合作的顺利进行。为实现真正的双赢，高职院校和企业应通过利益共享和风险共担的方式，促进合作的深入发展。例如，设立校企合作委员会，定期开展沟通与协商，能够有效协调双方的需求和目标，解决在合作过程中可能出现的问题，确保合作项目按计划实施；同时，通过共建实训基地和合作研发项目，不仅可以为学生提供真实的工作环境，增强他们的实践能力，还能让学生在参与实际项目的过程中提升就业竞争力。这种完善的合作机制有助于高职院校和企业之间建立长期稳定的合作关系，既满足了企业对高素质技能人才的需求，也提升了学生的职业素养和市场适应能力。通过持续深化校企合作，高等职业教育不仅能够更好地服务于地方经济的发展，还能培养出更加符合市场需求的高素质技术人才，实现学校与企业的双赢。

（四）师资队伍国际化：提升教师全球视野与能力

提升教师的全球视野和教学能力，是高职院校在全球化背景下面临的一大挑战。北信在推行全球轮岗机制方面积累了丰富的经验，值得其他高职院校借鉴。为应对这一挑战，高职院校应积极推行教师国际轮岗机制，鼓励教师赴海外进修，参与国际交流项目，以拓宽他们的全球视野并丰富他们的教学经验。通过引进国际优秀教育人才，高职院校可以进一步丰富师资队伍的多样性和专业性，这不仅有助于提升教育的国际化水平，还能为学生带来更为广泛的知识和技能。此外，定期组织教师参加国际学术研讨会和培训，能够帮助他们掌握最新的教育理念和技术发展动态，提升他们的教学水平和科研能力。这样的措施确保了教师能够为学生提供符合国际标准的高质量教育，使学生在全球化的职场中具备竞争优势。这种国际化的师资培养策略，不仅有助于提升高等职业教育的整体教学质量，还能为学生提供更为多元和全球化的学习环境，帮助他们更好地应对未来的职业挑战。通过不断拓宽教师的全球视野，提高教师的专业能力，高职院校将能够在全球教育领域保持竞争力，培养出具备国际视野和适应能力的高素质技术技能人才。

（五）学生国际化适应：培养跨文化交流与实践能力

在全球化背景下，培养学生的跨文化交流与实践能力是高职院校面临的重要任务。北信通过在埃及设立分校，为学生提供了宝贵的国际交流机会，极大地开阔了学生的国际视野，提高了学生的适应能力。未来，高职院校应进一步提供丰富的国际交流机会，鼓励学生参与海外实习和交换项目，积累国际经验，拓宽职业发展路径。高职院校可以通过多语种教学和跨文化课程，提升学生的语言能力和跨文化沟通能力，这不仅使他们能够在不同文化背景下自如地交流，还为他们在全球化职场中提供了竞争优势。此外，组织学生参与国际职业技能竞赛和跨国项目合作，可以有效锻炼他们的实际操作能力和团队合作精神。这些经历使学生不仅具备过硬的专业技能，还能够在全球范围内灵活应对各种职业挑战，增强他们在国际职场中的竞争力。通过这些措施，高职院校可以帮助学生更好地适应全球化带来的机遇和挑战，使他们成为具备国际视野、跨文化交流能力和实践能力的高素质技术技能人才，为他们的职业生涯奠定坚实基础。

三、对未来转型的启示

为了更好地满足国际市场需求并提升教育质量，高职院校必须在国际化合作、课程与教材建设、校企合作、师资队伍建设和学生适应能力培养等方面持续创新和改进。通过加强与国际教育机构和企业的合作，推动教材本土化改编，深化校企合作，拓宽教师的全球视野，并提供丰富的跨文化交流机会，高职院校将能够培养出具备国际竞争力的高素质技术技能人才，有效应对全球化带来的挑战。

第五章　高等职业教育适应性转型的案例分析

（一）持续推进国际化合作

国际化合作是高职院校提升高等职业教育质量和国际竞争力的关键路径之一。随着全球化的深入发展，高职院校必须积极拓展与国际知名高校和科研机构的合作，不断探索和实施多样化的合作模式。例如，通过联合培养项目，学生可以在国内外多所大学间交换学习，获取双学位或参与跨国课程，直接接触全球领先的知识和技术。同时，联合科研合作能够促使学校与国际顶尖研究团队共同攻克技术难题，将最新的科研成果引入教学实践，从而提高学生的科研素养和创新能力。此外，国际实习项目则为学生提供了宝贵的海外工作经验，使他们在真实的国际职场中锻炼和运用所学技能，增强其跨文化沟通能力，拓宽其全球化视野。这不仅提升了学生的就业竞争力，还为他们未来的职业发展铺平了道路。同时，高职院校还应积极加强与国际教育机构的交流与合作，定期派遣教师和管理人员参与国际教育会议、培训和交流活动。通过这些平台，高职院校能够学习和借鉴国际先进的教育理念和教学方法，将这些经验融入本校的教学改革，进一步提升教育质量。此外，通过引进国际优秀教育资源，如国际教材、在线课程和全球教育网络，高职院校可以为学生和教师提供更加多元和前沿的学习资源和机会。在持续推进国际化合作的过程中，高职院校不仅能够提升自身的教育水平和国际声誉，还能为学生创造更加开放和多元的教育环境，使其具备在全球化背景下脱颖而出的能力和竞争力。通过这种双向互动的国际化合作，高职院校将成为连接本地与全球的桥梁，培养出符合国际市场需求的高素质技术技能人才。

（二）加强课程与教材的国际化建设

引进国际先进的高等职业教育教材，并结合本地实际情况进行本土化改编，是高职院校提升教学质量的重要途径。未来，高职院校应继续加大力度推进课程与教材的国际化建设，确保教学内容既能反映国际最前沿的技术和理念，又贴近本地学生的学习需求和职业发展路径。这种国际化与本土化的结合，能够帮助学生在学习过程中既掌握全球通用的知识体系，又具备适应本地市场需求的实用技能，从而在职场中更具竞争力。为实现这一目标，高职院校应积极引进国际公认的优秀高等职业教育教材，并通过本土化改编，使其更符合本地产业结构和学生的文化背景。改编过程中，教师应深入参与，根据多年教学经验和对本地行业的深入了解，对教材内容进行适应性调整，使其更具实用性和针对性。此外，高职院校还应定期更新教材，确保其内容能够反映最新的技术发展和行业趋势，始终保持教学的前沿性。同时，高职院校应鼓励教师积极参与国际科研合作和学术交流，将国际最新的研究成果和技术应用引入教学。这不仅能帮助教师提升自身的学术水平和科研能力，还能为学生带来最新的行业动态和技术应用，增强他们的知识储备和实践能力。通过参与国际科研项目，教师可以将最新的理论和技术直接融入课堂教学，使学生在学习中接触到最先进的知识和技能，为他们未来的职业生涯打下坚实的基础。加强课程与教材的国际化建设，不仅有助于提升学校的整体教育质量，还能为学生提供更加开放和多元的学习环境，使他们在全球化背景下具备更强的适应能力和竞争力。通过这种持续的国际化建设，高职院校将能够培养出符合国际标准的高素质技术技能人才，为地方乃至全球经济发展作出更大的贡献。

（三）深化校企合作，促进产教融合

校企合作是高等职业教育实现产教融合、培养高素质技术技能人才的关键途径。为了进一步提升教育的质量和实效性，未来高职院校应继续深化与企业的合作，探索和实施多种形式的校企合作模式。这包括订单培养、企业导师制、联合研发等创新模式，以提高合作的深度和效益。

订单培养是一种有效的校企合作模式，通过与企业签订订单式培养协议，高职院校可以根据企业的具体需求量身定制课程和培训计划，确保学生在毕业时具备企业所需的专业技能和知识。这种模式不仅缩短了学生从学校到工作的过渡时间，还帮助企业更好地解决了人才短缺的问题，实现了教育与就业的无缝衔接。企业导师制则是通过企业派遣资深员工担任学校的兼职导师，直接参与对学生的教学和指导。企业导师能够将实际的工作经验和行业知识带入课堂，使学生在学习过程中就能接触到最前沿的行业实践。通过这种方式，学生可以更好地理解和掌握专业技能，同时培养出更强的职业素养和适应能力。联合研发则是校企合作的另一种重要形式，通过与企业共同开展科研项目，高职院校不仅能够将最新的技术成果和研究进展融入教学，还能够为企业提供强有力的技术支持。这种双向互动的合作，不仅提升了高职院校的科研能力和教学质量，还增强了企业的创新能力和市场竞争力。通过这些多样化的校企合作模式，学生能够在真实的工作环境中接受训练，提升实际操作能力和职业素养，增强在职场中的竞争力。与此同时，企业也能够通过参与教育过程，获得更加符合自身需求的高素质人才，实现教育与产业的双赢局面。深化校企合作，将为高等职业教育的可持续发展注入新的动力，为地方经济和社会进步提供强有力的人才支持。

（四）提升师资队伍的国际化水平

教师是教育质量的核心保障，为了确保教育与国际标准接轨，未来高职院校应进一步提升师资队伍的国际化水平。通过引进高层次国际人才，高职院校可以直接吸收全球最新的教育理念和专业知识，提升教师队伍的多样性和专业性。此外，高职院校应积极选派教师赴国外知名高校进行交流学习，使他们能够接触到全球领先的教学方法和科研成果，拓宽他们的国际视野，丰富他们的学术视角。参与国际科研合作是另一种提升教师专业能力的重要途径。通过与国际研究机构和高校的合作，教师可以参与到全球性的科研项目中，获取最前沿的学术信息，并将这些知识带回课堂，直接应用于教学实践。这不仅提高了教师的科研能力，还使他们能够更好地引导学生在学习中结合实际应用，增强学生的创新思维和实践能力。同时，高职院校应大力鼓励教师开展教学研究和实践创新，将国际先进的教育理念和教学方法应用到实际教学中。通过积极引入和试验新的教学模式，教师可以不断优化课堂教学，提高学生的学习效果和参与度。这种持续的创新和改进，不仅提升了教学质量，也为学生提供了更丰富的学习体验，使他们在全球化的职场中更具竞争力。通过一系列提升师资国际化水平的措施，高职院校将能够培养出一支具有国际视野、高水平专业能力和创新精神的教师队伍，为教育质量提供强有力的保障。同时，这也将进一步推动高职院校的整体国际化进程，使其在全球职业教育领域占据领先地位。

（五）培养学生的国际化适应能力

随着全球化的不断推进，培养具备国际化视野和跨文化交际能力的高素质人才已成为高等职业教育的重要目标。为此，未来学校应进一步加强对学生国际化适应能力的培养，通过系统的跨文化培训和丰富的国际交流活动，帮助学生为全球化的职场做好准备。学校可以开设多种语言课程，帮助学生掌握外语技能，同时通过跨文化沟通技巧培训和国际礼仪课程，使学生在不同文化背景下的交流中更加自如。这样的课程设置不仅能够提升学生的语言能力，还能培养他们对不同文化的敏感性和理解力，使他们在全球化的环境中更加游刃有余。此外，高职院校应鼓励学生积极参与国际交流项目，如海外留学、交换生计划以及跨国企业实习等。这些项目为学生提供了直接接触国际社会的机会，使他们能够在实践中积累宝贵的国际化经验。通过亲身参与全球化的学习和工作环境，学生可以更好地理解全球市场的运作方式，提升全球竞争力。这种系统化的培养策略，不仅增强了学生的国际化适应能力，也为他们的职业发展提供了更广阔的空间。随着国际化进程的深入，具备国际视野和跨文化能力的学生将在全球职场中拥有更多机会，成为推动社会进步和经济发展的重要力量。通过这些举措，高职院校将能够培养出真正具有全球竞争力的高素质技术技能人才。

第六章 高等职业教育与新质生产力互动发展的政策建议

第一节 政策导向与制度创新

一、宏观政策引导

(一) 优化专项基金使用：支持技术研发与人才培养

高等职业教育的发展需要大量的资金投入，尤其是在新质生产力领域的技术研发和人才培养方面。智能制造、大数据和人工智能等领域的发展对高等职业教育提出了更高的要求，需要先进的教学设施、设备以及高水平的师资和科研支持。我国已经设立了支持高等职业教育发展的专项基金，如现代职业教育质量提升计划资金预算，为高等职业院校的基础设施建设、设备更新、科研项目和人才培养提供了重要的资金保障。这些资金不仅支持高职院校购置先进的教学设备，还支持高职院校与企业合作开展科研项目，推动技术创新和成果转化。

为了进一步提升专项基金的使用效果，建议从以下几个方面进行优化：①根据各高职院校的实际需求和特点，精准投放专项资金，确保资金用于最需要的领域。例如，针对智能制造、大数据和人工智能等重点领域，提供更具针对性的资金支持。②建立专项基金的监督和评估机制，确保资金使用的透明度和效益。通过定期审计和绩效评估，及时发现问题并进行调整，确保资金发挥最大效用。鼓励高职院校与企业、科研机构合作，共同开展科研项目和人才培养。专项基金应重点支持这些合作项目，促进技术创新和成果转化，提高教育质量和培养技术技能人才的水平。③借鉴国际上职业教育专项基金的成功经验，如德国的"职业教

第六章 高等职业教育与新质生产力互动发展的政策建议

育现代化计划",通过专项资金的投入,大幅提升职业院校的教学和科研能力。我国应加强与国际职业教育领域的交流合作,学习先进经验,进一步优化专项基金的使用。通过这些措施,可以更好地利用专项基金,提升我国高等职业教育的整体水平,培养出符合现代工业需求的高素质技术技能人才。

(二)鼓励产教融合:推动校企合作深入发展

产教融合是提高高等职业教育质量的重要途径,企业参与高等职业教育,可以使教学内容更加贴近实际需求,并为学生提供更多的实践机会,提升其职业素养和就业能力。政府应制定鼓励政策,支持高等职业院校与企业建立紧密的合作关系。政府应通过税收减免、财政补贴等方式,激励企业参与高等职业教育,与高职院校共建实训基地和科研平台,推动校企合作深入发展。例如,深圳信息职业技术学院通过与本地智能制造企业合作,建立了多个实训基地。企业不仅提供了先进的设备和技术支持,还参与课程设计和教学工作,确保学生所学知识能够直接应用于工作。这种深度合作模式极大地提高了学生的实际操作能力和就业竞争力。

(三)建立贯通职业教育体系:打通升学通道

当前,职业教育和普通教育之间的壁垒较高,学生在职业教育和继续深造之间的选择较为困难。建立贯通的职业教育体系,打通中高职、本科和职业硕士的上升通道,可以确保学生在不同阶段都能获得优质的职业教育。政府应推进职业教育与普通教育的协调发展,建立课程互认和学分互换制度,设立合作办学项目,支持职业院校与普通高校合作,开展"3+2""2+2"等贯通培养模式。例如,英国的"学徒制"改革通过打通职业教育与普通教育的课程和学分互认,使学生能够在职业教育和继续深造之间自由转换。这种模式不仅提高了职业教育的吸引力,还促进了人才的多元化发展。

(四)支持国际合作:提升高等职业教育国际竞争力

国际合作有助于引进先进的教育理念和技术,提升高等职业教育的国际化水平。在全球化背景下,高等职业教育的国际化不仅有助于提升教育质量,还能为学生提供更广阔的职业发展空间。政府应支持高等职业院校与国外知名职业院校和企业建立合作关系,开展师生交流、联合培养和科研合作,提升高等职业教育的国际竞争力。积极推动职教出海,服务"一带一路"倡议,通过与"一带一路"共建国家和地区的合作,进一步扩大我国职业教育的国际影响力和市场。例如,广东轻工职业技术大学与德国柏林工程应用技术大学(University of Applied Science Berlin)合作,设立了双学位项目和联合实验室。通过这些项目,学生不仅获得了国际化的教育背景,还在国际就业市场上具有明显的竞争优势。

(五)加强政策宣传与指导:确保政策有效实施

政策的有效实施需要广泛的宣传和科学的指导。只有广泛的宣传,才能让社会各界了解和支持职业教育的发展;只有科学的指导,才能确保政策在执行过程中不走偏,不变形。政府应加强对职业教育政策的宣传,通过各种渠道向社会和教育界传达政策精神和具体措施。同时,政府应制定科学的指导意见,帮助高等职业院校更好地理解和执行政策。例如,新加坡在推动职业教育改革过程中,通过媒体和网络平台广泛宣传相关政策,并设立专门的政策咨询和服务机构,为职业院校提供政策指导和支持。这些措施有效提高了政策的执行力和社会认可度。

第六章 高等职业教育与新质生产力互动发展的政策建议

二、制度创新建议

（一）建立多元评价体系：全面反映学生综合素质

当前的教育评价体系过于单一，主要以评价学生的学术成绩为主，忽视了学生的实践能力和创新能力。这种评价方式不仅不能全面反映学生的综合素质，也不利于培养满足新质生产力需求的高素质技术技能人才。高等职业教育应建立以学生综合素质为核心的多元评价体系，包括学术成绩、实践能力、创新能力、职业素养等多个维度；通过多元化的评价方式，全面反映学生的综合素质和职业能力。例如，芬兰职业教育系统采用了综合评价方式，在评估学生学术成绩的同时，还重视他们在实践项目中的表现和创新成果。学生需要完成项目报告、作品展示和实践操作等多项任务，这些任务占总评价的很大比重，以确保学生在各个方面得到全面发展。通过建立多元评价体系，高职院校可以更全面地评估学生的能力，帮助他们在实际工作中更好地应用所学知识，提升职业素养和创新能力。

（二）推进学分制改革：支持个性化和跨学科学习

传统的学制和课程安排缺乏灵活性，不利于学生个性化发展和跨学科学习。在新质生产力快速发展的背景下，学生需要具备跨学科的知识和技能，传统的课程体系难以满足这一需求。推进学分制改革，允许学生根据自身兴趣和职业发展需求自主选择课程和学习路径。高等职业教育应鼓励跨学科选修，支持学生进行个性化学习和多样化发展。例如，美国的社区学院普遍采用灵活的学分制，学生可以根据个人兴趣和职业规划自由选修课程，积累学分并转换至其他学校或专业。这样的学分制改革不仅促进了学生的个性化发展，还鼓励跨学科学习。通过学分制改革,学生可以自由选择课程,灵活安排学习计划,更好地适应新质生产力对跨学科知识和技能的要求,提升个人竞争力。

(三)完善教师评价机制:提升教学质量与实践能力

当前的教师评价机制主要以评价教师的教学工作量和科研成果为主,忽视了教师的教学质量和实践能力。这种评价方式难以全面反映教师的教学水平和育人效果,不利于教师的全面发展。高职院校应建立以教学质量为核心的教师评价机制,包括教学效果、学生反馈、实践能力和科研成果等多个方面;通过综合评价,激励教师不断提升教学水平和实践能力。例如,新加坡理工学院采用综合评价机制,将学生反馈和同行评价纳入教师评价体系,并定期开展教学效果评估和课堂观察,确保教师的教学质量和实践能力不断提升。完善教师评价机制,可以激励教师提升教学质量和实践能力,进而提高学生的学习效果和职业素养。

(四)推动终身学习体系建设:满足职业发展需求

随着新质生产力的发展,职业技能的更新换代速度加快,终身学习已成为职业发展的必然要求。传统的教育体系难以满足在职人员的继续教育需求,终身学习体系建设亟待加强。高等职业教育应建立和完善终身学习体系,支持在职人员通过继续教育和职业培训提升技能水平。政府应提供政策和资金支持,推动高等职业院校建立灵活的继续教育和职业培训体系。例如,德国的职业教育体系鼓励终身学习,通过设立终身学习专项基金,支持在职人员参加继续教育和职业培训项目。此外,高职院校应开发灵活的学习模式,如在线学习和模块化课程,使在职人员能够方便地提升技能水平。推动终身学习体系建设,可以帮助在职人员不断更新职业技能,适应新质生产力的发展需求,拓展职业发展前景。

（五）鼓励教育技术创新：提升教育质量与学习体验

教育技术的创新有助于提高教学效率和教育质量，满足学习者个性化和多样化的学习需求。在新质生产力的推动下，教育技术的发展为高等职业教育提供了新的机遇和挑战。高等职业院校应积极探索和应用教育技术创新，如在线教育、虚拟现实、人工智能等。政府应提供资金支持，促进教育技术的研发和推广，推动教育模式的创新和变革。例如，麻省理工学院（Massachusetts Institute of Technology, MIT）通过在线教育平台和虚拟实验室，为学生提供丰富的在线课程和实践机会，极大地丰富了学生的学习体验，提升了学生的实践能力。鼓励教育技术创新，可以提升教育质量和学生的学习体验，培养满足新质生产力需求的高素质技术技能人才。

第二节 资源配置与财政支持政策

一、优化资源配置

（一）建立教育投资基金：驱动新质生产力教育创新

为了使高等职业教育适应新质生产力的发展需求，政府和社会应设立教育投资基金，专门用于推动新质生产力相关专业的发展和创新。社会资本的引入，可以确保教育资金的持续投入和高效使用，从而提升教育质量和创新能力。教育投资基金可以有效推动教育与产业的深度融合，提升教育资源的利用效率和创新能力，为新质生产力的发展提供强有力的支持。

（二）智能化校园建设：融合 AI 和物联网的教育平台

推动高等职业院校的数字化转型要建设智能化校园。引入 AI 和物联网（Internet of Things, IoT）技术，打造全方位智能化的教育平台，可以实现教学、管理和服务的全面智能化，提高教育资源的利用效率，提升学生的学习体验和实践能力。例如，新加坡南洋理工大学（Nanyang Technological University, NTU）建立了智能校园，通过 AI 技术实现了智慧课堂、智慧图书馆和智慧管理系统的无缝对接。学生可以通过智能平台进行课程选择、资源下载和实践训练，大幅提升了学习的灵活性和互动性。智能化校园能够通过技术创新提高教学质量和管理效率，为学生提供更加个性和高效的学习环境，满足新质生产力对高素质人才的需求。

（三）虚拟导师系统：AI 驱动的个性化师资解决方案

引入虚拟导师系统，利用 AI 技术可以为每个学生提供个性化的指导和支持。虚拟导师根据学生的学习进度和需求，提供实时的学习建议、资源推荐和实践指导，解决师资力量不足的问题，并提供更加灵活的学习支持。例如，美国的 Coursera 平台利用 AI 技术为学生提供个性化学习路径和资源推荐。学生在完成课程后，AI 导师会根据其表现推荐下一步学习内容和相关资源，确保其学习的连贯性和有效性。虚拟导师系统通过 AI 技术提供个性化的学习支持，不仅缓解了师资短缺的问题，还能提供更加灵活和高效的学习体验，提升学生的学习效果和自主学习能力。

（四）动态校企协同创新：实时响应产业需求的合作机制

建立动态校企协同创新机制，通过实时数据共享和反馈，可以使校企合作快速响应产业需求的变化。通过大数据分析和预测，调整课程设置和教学内容，可以确保学生所学知识和技能始终与产业发展同步。例

第六章 高等职业教育与新质生产力互动发展的政策建议

如,德国的"工业4.0"计划与职业教育紧密结合,通过实时数据监控和反馈,学校能够迅速调整课程设置和实训内容,以匹配工业发展的最新需求。这种灵活的校企合作机制确保了学生技能的前瞻性和实用性。动态校企协同创新机制使教育与产业需求紧密对接,确保学生所学内容始终符合市场需求,增强了学生的就业竞争力和职业适应性。

(五)区块链技术应用:保障教育资源分配与数据透明

应用区块链技术,可以建立高等职业教育的资源分配和数据管理系统。区块链的去中心化和不可篡改特性,有利于确保教育资源分配的透明和公平,提高资金使用的效率和监管力度。同时,用于学生学分和成绩的记录与认证,可以提升教育数据的可信度和安全性。例如,麻省理工学院通过区块链技术为学生提供数字化证书,确保学术成绩和学历信息的不可篡改性和可验证性。此举不仅提升了数据管理的效率,还为学生在全球范围内的就业提供了可靠的学历认证。区块链技术的应用保证了教育资源分配的透明性和数据的安全性,提高了教育资源利用效率,为高等职业教育的管理和认证提供了创新解决方案。

二、财政激励机制

(一)动态补贴模型:基于绩效的资金分配机制

为了支持高等职业教育的转型与升级,政府应建立动态补贴模型,根据高职院校的教学质量、科研成果和毕业生就业情况进行资金分配。这种基于绩效的资金分配机制,可以确保财政补贴的高效利用,激励高职院校不断提升教育质量和科研水平。例如,芬兰教育系统采用绩效补贴模型,根据学校的毕业率、就业率和学生满意度等多方面的指标进行资金分配。这种动态分配机制有效提升了学校的教育质量和学生的就业能力。通过动态补贴模型,资金分配将更加科学和公平,有助于促进高职院校的良性竞争和持续改进。

(二)税收减免+收益共享:企业参与教育的双赢策略

政府向参与高等职业教育的企业提供税收减免,同时允许企业从校企合作的科研成果和技术转化中获得收益。这种双赢策略能够激励企业积极参与高等职业教育的各个环节,推动校企合作深入发展。例如,德国的弗劳恩霍夫协会(Fraunhofer-Gesellschaft)与企业合作,通过税收减免和收益共享,推动了大量创新项目的孵化和实施,为企业和科研机构带来了巨大的经济效益和社会效益。通过这种模式,企业不仅能够减轻税负,还能通过参与教育和科研项目获得实质性回报,从而促进教育与产业的深度融合。

(三)全球人才引进计划:国际化师资配置与本地适应

实施全球人才引进计划,吸引国际顶尖教育专家和行业领袖到国内高等职业院校任教,同时提供本地适应支持,如语言培训、文化交流和家庭安置,可以确保国际化师资能够迅速融入本地教育环境。例如,新加坡国立大学(National University of Singapore, NUS)通过全球招聘,吸引了大量国际知名学者,同时提供完善的本地适应计划,使这些学者能够迅速融入新加坡的教育和科研环境,大幅提升了学校的国际化水平和科研能力。通过全球人才引进计划,高等职业院校能够吸收国际先进教育理念和方法,提升教育质量和全球竞争力。

(四)创新资本基金:创业与科研项目的风险投资

设立创新资本基金,专门用于支持高等职业院校的创业和科研项目。这些基金可以采用风险投资的方式,提供初创资金和技术支持,帮助师生实现创新项目的产业化和市场化。例如，斯坦福大学的创业生态系统通过风险投资基金支持学生和教师的创业项目，孵化出一大批成功的科技企业，如谷歌、雅虎等，成为全球创新创业的典范。通过创新资本基金，高等职业院校的师生将获得更多的资源和机会，激发创新热情，推动技术创新和产业化应用。

（五）教育数据货币化：通过数据共享和分析驱动资金流动

通过教育数据的共享和分析，将数据货币化，推动资金的流动和高效利用。政府可以建立数据平台，汇集各职业院校的教育数据，通过大数据分析发现问题并提供资金支持，同时将数据分析结果向社会公开，吸引社会资本的投入。例如，英国的开放大学通过数据分析平台，对学生学习行为进行深度分析，提升教学效果，并吸引了大量社会资本的投入，形成了良性循环，促进了教育资源的优化配置。通过教育数据货币化，教育资源的分配将更加精准和高效，推动高等职业教育的持续改进和发展。

第三节　法规环境与评估体系的完善

一、法规环境优化

（一）体制机制灵活化：赋予院校更多自主权

现行法律法规在许多方面对高等职业教育的管理取得了显著进展，尤其是在《中华人民共和国职业教育法》修订和实施后，赋予了高等职业院校一定的自主权。然而，为了更好地适应快速变化的市场需求和技术发展，法规环境仍需不断优化，以进一步提升高职院校的灵活性和创新能力。建议从以下几个方面进行改进：

第一，简化审批程序。在保持高职院校专业设置自主权的基础上，进一步简化审批流程，加快审批速度。首先，减少不必要的行政干预，使高职院校能够更迅速地根据市场需求和技术变化调整专业设置。例如，可以借鉴新加坡理工学院的经验，通过快速审批流程及时开设与新质生产力相关的课程，满足新兴产业需求。其次，鼓励课程开发创新。支持高职院校与行业企业紧密合作，校企共同开发课程内容，确保教学内容与市场需求高度契合。第二，建立更加灵活的课程调整机制，使院校能够根据行业变化迅速调整教学计划。例如，芬兰职业院校通过与企业的密切合作，灵活调整课程内容以满足企业的实际需求。第三，优化师资引进政策。进一步放宽师资引进政策，简化相关程序，鼓励更多的企业专家和高水平专业人才进入高职院校任教。通过建立更加灵活的聘用机制，提升教学团队实力。例如，德国的双元制教育体系允许职业学校自主聘请企业专家担任兼职教师，提高了教学的实用性和前瞻性。第四，加强产学研合作。积极推动高职院校与企业、科研机构的合作，开展联合科研和人才培养项目。通过专项基金的支持，促进技术创新和成果转化，提高教育质量和培养技术技能人才的水平。例如，可以设立类似于德国"职业教育现代化计划"的专项资金，大力支持职业院校的科研和设备更新。第五，推进国际合作。在现有基础上，进一步支持高职院校与国外知名职业院校和企业建立合作关系，开展师生交流、联合培养和科研合作。通过职教出海和服务"一带一路"倡议，提升职业教育的国际化水平和竞争力。例如，广东轻工职业技术大学与德国柏林应用科技大学的合作设立了双学位项目和联合实验室，为学生提供了更广阔的职业发展空间和国际竞争优势。

第六章 高等职业教育与新质生产力互动发展的政策建议

（二）政策支持强化：提升财政投入与资源配置

当前，我国高等职业教育在政策支持方面仍有待加强，特别是在财政投入和资源配置方面，难以满足其高质量发展的迫切需求。针对这一问题，政府应出台更加具体和有力的政策措施，以加大对高等职业教育的支持力度。具体措施如下：

第一，政府应继续增加对高等职业教育的财政投入，设立专门的职业教育发展基金，确保资金用于提升教学质量、改善办学条件、引进优秀师资等。可以借鉴国际经验，如设立年度预算增长机制，确保职业教育经费的稳定增长。第二，针对新质生产力相关专业的建设和发展，政府应设立专项资金，重点支持这些领域的专业建设、课程开发、实训基地建设等。通过专项资金的支持，政府可以引导高职院校聚焦国家战略需求和产业发展趋势，培养更多符合市场需求的高素质技术技能人才。为了激励企业参与职业教育，政府可以对企业投入职业教育的费用给予税收减免或抵扣等优惠政策。这不仅可以减轻企业的经济负担，还能激发企业参与职业教育的积极性和主动性，促进产教深度融合。第三，政府应设立高职教育创新项目资助专项基金，支持高职院校开展教学改革、科研创新、产教融合等项目。项目资助的方式，可以鼓励高职院校积极探索新的教育模式和方法，提高教育教学质量和科研创新能力。对于在职业教育领域取得显著成效的高职院校和个人，政府应给予表彰和奖励，以激励更多的院校和教师投身职业教育事业。第四，政府应加强对高等职业教育资源的统筹规划和优化配置，推动职业教育资源的均衡发展和共享共用。可以通过建设高等职业教育资源共享平台、推动产教融合型实训基地建设等方式，实现高等职业教育资源的优化配置和高效利用。

(三)校企合作法规优化:推动产教深度融合

现有法规对校企合作的支持不够,导致企业参与高等职业教育的积极性不高,合作模式单一。许多企业在参与高等职业教育过程中缺乏明确的法律保障和激励机制,影响了校企合作的深度和广度。政府应修订校企合作相关法规,鼓励和支持企业深度参与高等职业教育。具体措施包括:

第一,合作规范制定,制定校企合作的法律法规,明确校企合作的权利义务,为校企合作提供法律保障。例如,德国通过立法明确了企业在职业教育中的责任和权益,确保校企合作的顺利开展。第二,制定激励措施,对参与高等职业教育的企业提供税收优惠、财政补贴等激励措施,提升企业参与的积极性。例如,美国通过提供税收优惠和补贴,激励企业参与职业教育的各个环节。第三,鼓励合作模式创新,鼓励高职院校与企业探索多种合作模式,如订单培养、联合研发、共建实训基地等,提升合作效果。例如,在澳大利亚的职业教育体系中,许多高职院校与企业合作共建实训基地,提供定制化的人才培养方案。通过完善校企合作法规,激励企业深度参与职业教育,形成紧密的产教融合机制。

(四)评价体系健全:多维度提升教育质量

现有法规对高等职业教育的评价和激励机制还需优化,以进一步提高学校和教师的积极性,实现持续改进。目前,仍有不少高职院校缺乏科学合理的评价体系,难以全面反映教育质量,教师在教学和科研中的积极性和创造力也未能充分激发。政府应健全高等职业教育的评价与激励机制,制定科学合理的评价标准和激励措施,通过定期评估和奖惩措施,激发学校和教师的积极性和创造力。具体措施包括:

第一,建立多维度评价标准,建立包括学术成就、技能水平、创新能力、就业情况等多维度的教育质量评价体系。例如,英国职业教育体系采用多维度评价方法，全面评估学校的教育质量。第二，建立激励机制，设立教学和科研奖励基金，对在教学和科研中表现突出的教师和团队给予奖励，激发其积极性和创造力。例如，新加坡教育部设立了教育创新奖，奖励在教学和科研中有突出贡献的教师。第三，实施定期评估，对高职院校进行定期评估，发现问题及时整改，确保教育质量的持续提升。例如，澳大利亚定期对职业院校进行评估，并根据评估结果进行资源分配和改进建议。通过健全的评价体系和激励机制，提升教育质量和教师积极性，推动高等职业教育的持续改进和发展。

（五）激励机制完善：增强教师与院校动力

高等职业教育领域现有的激励机制不足，难以充分调动教师和院校的积极性。教师在教学和科研中的创造力和创新能力未能充分发挥，高职院校在教育质量提升方面的动力也不足。政府应完善激励机制，通过设立奖励基金、提供职业发展机会等措施，增强教师和院校的动力。具体措施包括：

第一，设立奖励基金。设立教学和科研奖励基金，对在教学和科研中表现突出的教师和团队给予奖励。例如，韩国教育部设立了教学卓越奖，奖励在教学中有突出表现的教师。第二，职业发展机会。为教师提供更充分的职业发展机会，如进修、培训、交流等，帮助教师不断提升专业水平和教学能力。例如，日本通过教师交换计划，为教师提供到国外高校交流学习的机会，开阔其国际视野，提升其教学能力。第三，加强院校激励。对在教育质量提升方面表现突出的院校给予奖励和支持，激励更多院校追求卓越。例如，欧盟通过"教育卓越计划"，对表现突出的职业院校提供资金和技术支持，鼓励其不断提升教育质量。通过完善激励机制，政府可以增强教师和院校的动力，提升高等职业教育的整体水平和创新能力。

二、评估体系构建

(一)实时监测与分析:大数据与 AI 驱动的教育质量评估

利用大数据和 AI 技术,实时监测和分析高等职业院校的教育质量已成为提升教学效果的重要手段。大数据分析能够全面覆盖学生的学习行为、课程参与度、考试成绩、毕业率等多维度数据,从而生成详尽的综合评估报告。这些数据为学校提供了全面的视角,帮助其了解当前教育质量的实际情况。与此同时,AI 技术还为教育质量评估注入了智能化的元素。AI 可以自动识别教学过程中的潜在问题,如学生在特定课程中的理解障碍或教学方法的不足,甚至能够预测学生未来的学习轨迹。这种智能化的分析不仅使评估更加精确和实时,还能够为教师和教育管理者提供个性化的改进建议。例如,通过 AI 分析,若某些课程在整体上表现不佳,系统可以建议教师调整教学方法或增加辅助材料,以帮助学生更好地理解和掌握课程内容。这种数据驱动的评估方式极大地提高了教育质量评估的效率和有效性,使得教育质量评估不再是静态的事后分析,而是一个动态的、持续改进的过程。通过实时监测和分析,高职院校可以迅速响应学生的学习需求,及时调整教学策略,确保教育质量始终处于最佳状态。这种创新评估体系的构建,不仅提升了教育质量和管理水平,也推动了高等职业教育向更加精细化和智能化的方向发展。

(二)独立与公正:引入第三方评估确保评估科学性

为了确保教育质量评估的公正性和科学性,必须引入独立的第三方评估机构进行评价。这些独立评估机构的存在,有助于消除内部评估可能存在的偏差与利益冲突,提供更加客观和中立的评估结果。政府应对这些第三方评估机构进行严格的资质认证,确保其在专业性和公正性方

第六章　高等职业教育与新质生产力互动发展的政策建议

面达到高标准，从而保障评估的权威性和可信度。第三方评估机构将依据独立的评估流程和标准，系统性地对高等职业院校的教育质量进行评估。评估的过程将严格遵循透明、公正的原则，确保每个环节都经得起审查和质疑。此外，评估结果应向社会公开，允许公众和利益相关者进行监督。这种透明度不仅提高了评估的公信力，还为高职院校的持续改进提供了依据和动力。通过这种独立的评估体系，高职院校的教育质量将得到更加客观的反映，促进高职院校不断优化教学方法和管理策略。这种科学、公正的评估方式不仅有助于维护教育公平，也能推动高等职业教育领域的整体提升，为社会提供更高质量的技术技能人才。

（三）学生自评与互评：赋权学生参与教育质量评估

赋权学生参与教育质量评估，通过自评和互评的方式，让学生在评估过程中发挥更为积极的作用。这种方法不仅鼓励学生更主动地投入学习，还能为教师和管理者提供更全面、更直接的反馈，帮助他们更好地理解学生的需求和面临的问题。具体措施包括提供匿名问卷和评估工具，让学生可以自由表达对课程内容、教师教学方法和课堂管理的看法，为高职院校提供宝贵的第一手资料。通过这种参与机制，学生的声音得到了充分尊重和重视。例如，通过学生自评，高职院校可以识别出某些课程或教学内容在传达上存在的不足，并根据学生的反馈进行及时调整，以更好地满足他们的学习需求。这种反馈机制不仅有助于提升教学质量，还能增强学生对课程的参与感和责任感，使他们在学习过程中更加投入。此外，学生的互评也可以为课程改进提供重要参考。通过互评，学生之间可以交流彼此的学习经验和看法，促进良性竞争和互相学习。同时，教师和管理者可以从中获取学生的互动情况和学习效果，从而更好地调整教学策略，确保教学质量的持续提升。这种赋权学生参与评估的方式，能够为教育质量评估注入新的活力，推动教育体系向更加以学生为中心的发展模式转变。通过学生自评与互评，高职院校不仅能获得真实可靠的评估数据，还能在学生和教师之间建立更加开放和信任的沟通渠道，进一步提升教育的整体质量。

（四）就业导向改进：逆向评估机制反推教学质量

对毕业生的职业发展和就业情况进行跟踪，建立逆向评估机制，可以有效反映高等职业教育的质量，并推动教学改进。此机制通过收集毕业生的就业数据、职业发展轨迹以及用人单位的反馈，将这些信息作为调整和优化教学内容与课程设置的重要依据。例如，鄂州职业大学通过深入分析毕业生的就业数据，发现某专业的毕业生在市场上的竞争力有所不足，因此对该专业的课程设置和教学方法进行了相应的调整，以更好地匹配市场需求。逆向评估机制不仅帮助高职院校及时发现并解决教育中的问题，还确保教育内容和教学方法始终与市场需求保持一致。通过这一机制，学校能够不断优化课程设计，增强学生在职场中的竞争力，从而提高毕业生的就业率和职业发展前景。这种基于就业导向的评估方式，反推教学质量的提升，使得高等职业教育更加务实和有效，真正实现了与市场紧密结合的高素质技术技能人才的培养。

（五）全球标准对标：提升教育质量与国际竞争力

国际化是高等职业教育发展的重要方向，通过与国际先进水平的对标评估，能够有效提升教育质量和国际竞争力。引进国际先进的职业教育评估标准和方法，对高职院校进行系统的对标评估，可以帮助职业院校发现与国际一流院校之间的差距，并据此提出具体的改进建议。例如，昆明冶金高等专科学校通过与国际知名院校的评估标准对标，改进了实验室建设和课程设计，显著提升了教育质量。为了进一步推动教育质量与国际接轨，高职院校还应加强与国际知名职业院校和评估机构的合作，

第六章 高等职业教育与新质生产力互动发展的政策建议

开展联合评估和学术交流，提升评估能力和水平。这种合作不仅可以引入国际前沿的评估理念和技术，还能通过对标国际标准，推动学校在教育质量、教学内容和学生培养等方面实现全面提升。通过全球标准对标，高职院校能够明确自身在国际舞台上的定位，采取有针对性的改进措施，逐步缩小与国际先进水平的差距。这种方法不仅有助于提升学校的教育质量，还能增强其国际竞争力，使高职院校在全球职业教育领域占据更有利的地位，培养出符合国际标准的高素质技术技能人才。

三、持续监督与反馈机制

（一）定期审计与监督：确保政策执行与资源合理利用

为了保证高等职业教育的质量与新质生产力需求相匹配，必须建立科学合理的教育质量评估体系和持续监督机制。定期审计与监督是确保政策有效执行和资源合理利用的关键措施。

年度审计：每年对高职院校进行一次全面审计，检查其教育质量和资源利用情况。例如，美国的教育评估体系要求所有职业院校每年接受联邦和州教育部门的审计，确保资金使用透明、教育质量合格。这种年度审计能够及时发现问题，督促院校进行整改，确保教育资源的高效利用。

专项审计：对高职院校的重点项目和资金使用情况进行专项审计，确保资金使用高效和透明。例如，英国高等教育质量保证局（The Quality Assurance Agency for Higher Education, QAA）定期对职业院校的专项项目进行审计，确保项目资金用于指定用途，提升教育质量。专项审计可以针对特定问题或项目，提供更深入的监督，确保政策落到实处。

审计结果公开：将审计结果向社会公开，接受社会监督，提升审计的公信力。例如，澳大利亚的职业教育和培训审计结果会在政府官方网站上公开，方便公众查询和监督。这种透明度不仅提升了教育机构的公信力,还促使其自觉改进。

(二)多方反馈机制:全面了解与改进教育质量

多方反馈机制是持续改进教育质量的重要途径,通过多方反馈可以全面了解教育质量情况,并及时采取改进措施。

多方反馈平台:建立多方参与的反馈平台,定期收集学生、教师、用人单位和家长的反馈信息。例如,芬兰职业教育体系通过在线平台收集各方反馈,定期分析改进。这种多方反馈机制能够全面了解教育的实际效果,发现存在的问题。

反馈信息分析:对反馈信息进行系统分析,了解教育质量的实际情况和存在的问题。例如,加拿大的职业教育机构会定期分析学生和用人单位的反馈,调整课程设置和教学方法。通过对反馈信息的深入分析,能够制定更有针对性的改进措施。

反馈结果应用:将反馈结果作为教育质量改进的重要依据,及时调整和优化教育政策和措施。例如,新加坡的职业教育机构根据反馈结果,调整课程内容和教学方法,提升学生满意度和就业率。反馈结果的有效应用能够促进教育质量的持续提升。

(三)问题跟踪与整改:有效解决问题推动改进

发现问题后需要及时跟踪和整改,确保问题得到有效解决。问题跟踪与整改机制是推动教育质量持续改进的关键。

问题清单管理:建立问题清单,对发现的问题进行详细记录和分类管理。例如,德国职业教育机构建立了问题清单系统,对每个发现的问题进行详细记录,并制订整改计划。问题清单管理能够系统地追踪问题,确保问题不被遗漏。

整改责任落实:明确整改责任人和整改期限,督促高职院校及时整

第六章　高等职业教育与新质生产力互动发展的政策建议

改问题。例如，日本的职业教育体系要求每个问题都有明确的责任人和整改时间表，确保问题得到及时解决。整改责任的明确提高了问题解决的效率和效果。

整改效果评估：对整改效果进行评估，确保问题得到有效解决，推动教育质量的持续提升。例如，法国职业教育机构在问题整改后进行效果评估，确保整改措施落实到位，教育质量得到实际提升。整改效果评估能够验证整改措施的有效性，确保持续改进。

（四）信息公开与透明：提升公信力与社会监督

信息公开和透明是增强监督和问责的重要手段，有助于提升教育质量的公信力。

评估结果公开：将教育质量评估结果向社会公开，接受社会监督。例如，瑞典的职业教育机构定期在官方网站上公布评估结果，增强透明度。这种信息公开不仅提升了公众对教育质量的信任，还促使教育机构更加自律。

整改情况公开：定期向社会公布问题整改情况，确保整改措施落实到位。例如，挪威的职业教育体系要求定期公布整改报告，说明问题的整改进展和效果。通过公开整改情况，社会各界可以对教育质量改进进行监督，确保整改不流于形式。

信息公开平台：建立信息公开平台，方便社会各界查询和了解高职院校的教育质量情况。例如，荷兰职业教育机构建立了在线信息公开平台，公众可以随时查询教育质量评估结果和整改情况。信息公开平台的建立提高了信息获取的便捷性，增强了监督效果。

（五）长效机制建设：保障教育质量持续提升

教育质量的持续改进需要建立长效机制，确保监督与反馈机制的长期有效运行。

制度化监督机制：建立教育质量监督的长效机制，确保监督工作常态化、制度化。例如，韩国职业教育体系建立了常态化的教育质量监督机制，每季度进行一次例行检查，确保教育质量的持续提升。制度化监督机制能够保证监督工作不会因为人员变动或政策变化而中断。

反馈机制常态化：将反馈机制常态化，定期收集和分析反馈信息，推动教育质量的持续改进。例如，丹麦职业教育机构将反馈机制制度化，定期开展各方反馈调查，形成常态化的改进流程。常态化的反馈机制确保教育质量问题能够被及时发现和解决。

持续改进计划：制订教育质量持续改进计划，明确改进目标和措施，推动高职院校不断提升教育质量。例如，英国的职业教育机构每年制订详细的改进计划，设定具体的改进目标和时间表，确保改进措施落地实施。持续改进计划能够为教育质量提升提供明确的方向和路径。

第七章　面向未来的高等职业教育发展愿景

第一节 高等职业教育与新质生产力的持续互动

一、互动机制构建

（一）逆向创新驱动：从学生需求反推教学内容

通过逆向创新驱动机制，高职院校可以有效地从学生需求出发，反思当前教育体系的不足，并明确改进方向。首先，通过设立学生反馈委员会，高职院校能够定期收集学生在学习过程中遇到的实际问题、职业规划需求以及对未来发展的期望。学生反馈委员会作为一个重要的沟通桥梁，能够将学生的意见直接反映到课程设置和教学内容中，帮助高职院校及时调整和优化教学内容，使其更加贴近实际应用。其次，高职院校应定期举办职业发展工作坊，邀请行业专家和校友与学生分享行业经验和职业规划建议。这些工作坊不仅为学生提供了获取最新行业信息的机会，还能够让学校深入了解学生的职业发展需求。通过分析学生在这些工作坊中的反馈，学校可以进一步优化课程内容，确保教学内容与行业发展趋势和技能需求保持高度一致。再次，建立校园创新实验室，为学生提供将创新想法转化为现实项目的平台。在这些实验室中，学生可以将课堂上学到的理论知识应用于实际项目，通过实验和实践获取真实的反馈。这种直接的反馈机制，能够帮助高职院校及时发现课程内容中的不足之处，并据此对教学方法和课程设置进行调整，从而提升教学的有效性和实用性。最后，开发专门的实践课程，如项目管理、市场分析、团队协作等，直接回应学生在实际操作中遇到的问题。这些实践课程不仅能够提升学生的专业技能，还能够帮助他们更好地适应未来的工作环境。通过这些综合性的举措，高职院校可以确保教学内容不仅满足学生的学习需求，还能帮助他们在职业生涯中取得成功。

（二）虚拟现实校企合作：构建沉浸式学习与实践环境

利用虚拟现实技术，高等职业教育可以突破传统校企合作的物理限制，打造全新的沉浸式学习和实践环境。通过这种技术，学生能够在虚拟环境中参与企业项目和模拟真实的工作场景，获得宝贵的实际操作经验，而无须受到现实世界中时间和空间的限制。首先，高职院校可以建设专门的虚拟现实实验室，配备先进的虚拟现实设备和软件，支持多学科、多领域的虚拟实验和操作训练。虚拟现实实验室的建设为学生提供了高仿真的学习环境，使他们能够在安全、可控的条件下进行复杂的操作和实验。这种沉浸式体验不仅可以增强学生的理解力和操作技能，还能有效提高他们的学习兴趣和积极性。其次，高职院校应与高科技企业合作，共同开发虚拟现实教学软件和应用，模拟企业的生产流程和操作环境。这些虚拟应用程序能够精确再现企业的真实工作环境，让学生在虚拟世界中完成各种操作任务，仿佛身临其境。通过这种方式，学生可以提前熟悉企业的工作流程和操作标准，为未来的职业生涯打下坚实的基础。最后，虚拟现实技术还可以为学生提供虚拟实习机会，让他们在虚拟环境中完成真实的工作任务，积累实践经验。虚拟实习不仅能够让学生接触到更多元的工作场景，还能让他们在不受时间和地点限制的情况下进行反复练习，逐步提高他们的技能水平。这种虚拟现实校企合作模式不仅显著提升了学生的实际操作能力，还大大突破了传统实习的局限，为学生提供了更加丰富和灵活的实践机会。通过这种创新的合作方式，学生将能够更好地适应未来的工作环境，增强在职场中的竞争力，同时为校企合作开辟了新的前景。

（三）自适应学习路径：AI 驱动个性化教育模式

引入 AI 技术，高等职业教育可以创建自适应学习路径，为学生提供个性化的教育体验。通过 AI 技术的支持，高职院校能够根据每个学生的学习进度、兴趣爱好和能力水平，动态调整教学内容和方法，确保教育的高效性和个性化。首先，AI 可以通过分析学生的学习数据，识别他们的学习习惯、优劣势及兴趣点，从而为其推荐最适合的学习资源和课程。基于这些分析，AI 可以为每个学生量身定制个性化的学习计划，使他们能够按照最适合自己的节奏学习，不断提升学习效率和效果。其次，高职院校可以开发基于 AI 的学习平台，实时监测和分析学生的学习表现，动态调整课程内容和难度。这种自适应的学习系统能够在学生遇到困难时及时提供支持，并在他们取得进步时提高挑战难度，确保学生始终处于最佳的学习状态。最后，AI 技术还可以为每个学生推荐个性化的学习资源、课程和练习题，帮助他们高效学习。这种精准的资源推荐不仅节省了学生寻找学习资料的时间，还能帮助他们在短时间内取得显著的进步。为了进一步支持学生的学习过程，AI 可以定期生成详细的学习分析报告。这些报告将帮助学生和教师全面了解学习进度、识别薄弱环节，并制定针对性的改进措施。通过这些数据驱动的反馈，学生能够有针对性地调整自己的学习策略，而教师也可以更有效地指导和支持学生的成长。这种 AI 驱动的自适应学习路径，不仅提升了教学的个性化水平，还确保每个学生都能以最适合自己的方式和节奏学习最大限度地发挥个人潜力。通过这种模式，高职院校能够培养出更具创新能力和自我驱动力的高素质人才，推动高等职业教育向智能化和个性化的方向迈进。

（四）跨学科融合课程：打破专业壁垒促进多元技能

通过设计和实施跨学科融合课程，高等职业教育可以打破传统的专业壁垒，培养学生的多元技能和跨学科思维能力。这种教育模式不仅能够拓宽学生的知识面，还能提升他们在复杂、多变环境中的适应能力和竞争力。首先，高职院校可以设计一系列融合不同学科的课程，如将信息技术与设计、管理与工程等学科相结合，帮助学生在多个领域发展综合能力。这种融合课程能够使学生在学习过程中不仅掌握专业知识，还能够将这些知识灵活应用于其他相关领域，形成更加全面的职业技能。其次，高职院校应组织跨学科项目，让学生从不同专业出发，共同解决实际问题。这种项目式学习能够培养学生的团队合作能力和综合解决问题的能力，使他们在面对复杂的现实挑战时，能够有效地运用多学科的知识和技能。再次，高职院校可以开设联合课程，如"智能制造与艺术设计""信息技术与商业管理"等，为学生提供跨学科的知识和技能培训。这些联合课程不仅丰富了学生的学习内容，还为他们提供了在不同学科间建立联系的机会，增强了他们的创新能力和跨学科应用能力。最后，为了支持跨学科融合课程的顺利实施，高职院校应组建由不同学科的专家和教授组成的导师团队。这些导师可以为学生提供专业的跨学科指导和支持，帮助他们更好地理解和掌握融合课程中的知识，并将其应用于实践。跨学科融合课程通过打破传统学科界限，培养了学生的多元能力，使他们在未来职业生涯中具备更强的适应性和竞争力。这种教育模式不仅迎合了现代社会对复合型人才的需求，也为学生提供了更广阔的职业发展空间，帮助他们在复杂多变的职业环境中脱颖而出。

（五）全生命周期教育：从入学到职业再培训的全面教育支持

建立全生命周期教育支持体系，是高等职业教育应对快速变化的行业需求和个人职业发展的重要策略。这个体系不仅关注学生在校期间的学习和成长，还通过校友网络和继续教育平台，为毕业生提供终身学习和职业再培训的机会，从而确保他们在职业生涯的各个阶段都能保持竞争力。首先，学校应设立职业发展中心，专门为学生和校友提供职业指导、就业服务和再培训课程。这些服务帮助学生在入学之初就规划好职业路径，并在毕业后继续获得职业发展支持，使他们能够在职业生涯的不同阶段始终保持竞争力和市场适应能力。其次，学校应建立强大的校友网络，定期举办校友交流活动，让毕业生有机会分享职业经验和行业资讯。这种持续的交流不仅有助于校友之间的互助合作，还能为学校的在校生提供宝贵的行业信息和人脉资源，使他们更好地准备未来的职业挑战。最后，学校应开发在线继续教育平台，提供多样化的再培训课程，以帮助毕业生不断提升知识和技能，适应行业的变化和技术进步。通过这种在线平台，校友可以灵活安排学习时间，在工作之余不断更新自己的知识储备和专业技能，从而在职场上保持竞争优势。全生命周期教育支持体系的建立，确保了学生和校友在职业生涯的各个阶段都能得到学校的持续支持和帮助。这种体系不仅有助于个人的职业发展和成长，也强化了学校与新质生产力的互动，使得学校能够更有效地培养出具备创新能力和适应力的高素质技术技能人才，为社会和经济的发展提供源源不断的动力。通过这些新颖、前沿的措施，高等职业教育能够更紧密地与时代需求接轨，培养出更具竞争力的职业人才。

二、需求预测与适应策略

（一）大数据分析平台：精准把握产业发展趋势

在新质生产力驱动下，高等职业教育必须准确把握产业发展趋势，以确保人才培养与市场需求高度契合。大数据分析平台在这一过程中发挥着至关重要的作用。政府应支持高等职业院校建立大数据分析平台，收集和分析产业发展数据、就业市场数据和教育反馈数据。具体措施包括为高职院校提供数据收集、数据分析和决策支持。首先，建立数据收

第七章 面向未来的高等职业教育发展愿景

集系统,定期收集产业发展、就业市场和教育反馈等多方面的数据。例如,美国麻省理工学院利用大数据平台分析全球科技和产业趋势,为其课程设置和研究方向提供科学依据。其次,利用大数据分析技术,对收集的数据进行分析,预测未来产业发展趋势和人才需求。这种分析能够揭示潜在趋势和需求,指导教育改革。最后,根据分析结果,指导教育内容和课程设置,确保人才培养与市场需求高度契合。例如,通过大数据分析,某高职院校发现智能制造领域对编程技能的需求增加,便及时增设了相关课程,提升了毕业生的就业竞争力。

(二)人工智能赋能:高效预测未来技能需求

AI 技术能够提高数据分析的效率和准确性,为教育革新提供技术支持。推广人工智能技术在高等职业教育中的应用,可以显著提升教育质量和学生的适应能力。具体措施包括开发智能算法、个性化学习系统和智能教学工具。首先,开发智能算法,分析大数据,预测未来产业技术发展方向和人才需求变化。例如,IBM 开发的 AI 系统能够分析全球就业市场数据,预测未来 5 年内最需要的技能和职业,为教育机构提供决策支持。其次,利用人工智能技术开发个性化学习系统,根据学生的学习情况和需求,为其提供针对性的教育资源和学习建议。例如,在线教育平台 Coursera 利用 AI 技术为学生推荐最适合的课程和学习路径,显著提升了学习效果。最后,推广智能教学工具,提高教学效率和效果。例如,培生教育集团开发的智能教学助手可以根据学生的实时反馈调整教学内容,提高课堂互动性和学习效果。

(三)未来职业研究中心:前瞻性洞察新兴职业

未来职业研究能够前瞻性地了解新兴职业和技能需求,为教育内容更新提供参考。高等职业院校应设立未来职业研究中心,专门研究新兴产业和未来职业的发展趋势。具体措施包括组建研究团队、发布研究报告和更新教育内容。首先，组建专门的研究团队，负责未来职业和技能需求的研究。以清华大学未来教育与评价研究院为例，该机构汇聚了教育学、经济学、计算机科学等多领域的顶尖学者，密切关注技术革新对职业结构的深远影响，为教育决策提供前瞻性的洞见。其次，定期发布研究报告和白皮书，提供未来职业和技能需求预测。这些高质量的研究成果不仅为全球教育机构提供了宝贵的参考，也为教育改革的科学规划指明了方向。最后，紧密依据研究成果，灵活调整教育内容与课程设置，确保学生始终站在知识与技能的最前沿。众多高职院校，如深圳职业技术大学，已率先行动，根据未来职业研究的最新发现，增设了包括人工智能、云计算、物联网、数据科学等新兴学科在内的课程，显著增强了毕业生的就业竞争力和职业适应性，为他们的未来发展奠定了坚实的基础。

（四）教育内容持续革新：与时俱进的课程体系

教育内容和形式的持续革新是高等职业教育适应新质生产力的关键。依据大数据和人工智能分析结果，制定教育革新策略，确保课程体系与时俱进。具体措施包括课程体系更新、教学方法创新和教师培训。首先，定期更新课程体系，引入最新的技术和方法。例如，德国的职业教育体系每年更新一次课程内容，确保教学内容的先进性和实用性。其次，推广项目式教学、跨学科教学和在线教育等创新教育形式，提升教育质量和学生的职业能力。例如，芬兰的职业教育体系广泛采用项目式教学，学生通过实际项目学习和应用知识，显著提升了动手能力和创新能力。最后，加强教师培训，提升其教学水平和实践能力。例如，新加坡政府每年投入大量资金，支持职业教育教师参加国内外的继续教育和培训，不断更新知识和技能。

(五)跨界合作共赢:整合资源推动教育创新

跨界合作能够为高等职业教育提供更多的资源和机会,推动教育内容和形式的革新。高职院校应积极推动与其他教育机构、科研机构和企业的跨界合作。具体措施包括联合开展项目、互派师生和合作研发。首先,与其他机构联合开展项目,共享教育资源和科研成果。例如,麻省理工学院与哈佛大学合作,开发了在线学习平台 edX,共享优质教育资源,为全球学生提供高质量的在线课程。其次,推动师生交流,提升教育质量和学生的全球视野。例如,欧盟的伊拉斯谟计划(European Region Action Scheme for the Mobility of University Students, Erasmus)支持欧洲各国高校之间的师生交流,极大地提升了教育的国际化水平。最后,与科研机构和企业共同研发新技术和新方法,推动教育内容的革新。例如,谷歌与全球多所大学合作,研发 AI 和大数据分析技术,并将这些技术应用于教育领域,显著提升了教育质量和实用性。

三、灵活性与可持续性

(一)定制化学习生态系统:融合 AI 与区块链技术

通过融合 AI 和区块链技术,高等职业教育可以构建一个高度定制化的学习生态系统,满足学生个性化学习需求,并确保学分和认证的全球通用性和认可度。首先,AI 将在个性化学习路径设计中发挥核心作用。基于学生的学习行为、兴趣和进度,AI 能够自动设计出最适合每个学生的个性化学习路径。这一过程包括实时分析学生的学习数据,并提供即时反馈和改进建议,帮助学生在学习过程中不断优化自己的学习策略,提升学习效果。其次,区块链技术将被用于记录学生的每一学习成果和职业认证。这种技术的透明性和不可篡改性确保了学分和认证的安全性和可信度,使得学生的学术成就能够得到广泛认可。无论学生是在何地完成学习或认证，区块链记录都可以保证这些学分和证书的全球通用性，方便学生在全球范围内继续深造或寻找就业机会。此外，这种融合 AI 与区块链的学习生态系统还可以促进学历和技能认证的全球通用性和认可度。通过区块链技术，学生的学习经历和成果可以跨越国界得到认证，为他们在全球范围内的学习和就业提供了极大的便利。这不仅提升了学生的全球竞争力，也为高等职业教育与全球市场的接轨提供了技术保障。定制化学习生态系统，既保证了教育的灵活性，又确保了其可持续性。学生既可以按照自己的节奏和兴趣学习，又能获得全球认可的认证。这一创新将使高等职业教育更具适应性和竞争力，为学生在全球化的职业环境中取得成功奠定坚实基础。

（二）弹性学习与微认证：随时随地的职业进阶

为了满足现代职业发展的需求，高等职业教育可以采用弹性学习和微认证体系，允许学生在任何时间、任何地点进行职业技能的进阶学习。这种模式不仅为学生提供了灵活的学习选择，还为他们在职场中不断提升技能和资质提供了便利。

首先，弹性学习模式结合了在线和离线两种学习方式，学生可以根据自己的时间和地点安排学习。这种灵活性使得学生能够在工作、生活和学习之间找到平衡，随时随地获取新的知识和技能。通过选择丰富的在线资源和支持，学生能够自主选择学习内容，并在需要时通过线下实践或辅导加深理解和应用。

其次，微认证体系提供了短期的、模块化的学习证书。每门微认证课程集中在特定的技能或知识点上，学生可以根据自己的职业发展需求灵活选择和组合这些课程。完成每门课程后，学生将获得相应的微认证证书，这些证书能够清晰展示他们在某一领域的专长和能力。微认证不仅使学生能够迅速掌握特定技能，还为他们在职场中的职业进阶提供了

第七章 面向未来的高等职业教育发展愿景

明确路径。通过积累多个微认证证书，学生可以展示自己的多样化技能和持续学习能力，在求职市场上具有更大的竞争优势。用人单位也能够通过这些证书直观地了解求职者的技能组合和职业能力，从而作出更加准确的招聘决策。弹性学习与微认证的结合，使得高等职业教育更加贴近现实需求，为学生提供随时随地进行职业提升的可能。它不仅支持学生个性化发展，还促进了他们在职业生涯中的持续进步，确保他们能够在快速变化的职场中保持竞争力和适应性。

（三）全息虚拟校园：打造沉浸式全球课堂

通过利用全息技术打造虚拟校园，高等职业教育可以为学生提供沉浸式的全球课堂体验。这种创新模式让学生能够跨越地理限制，直接参与全球知名学府的课堂，甚至参与跨国合作项目，从而极大地拓宽他们的国际视野并提升他们的实际操作能力。

首先，学校可以建设全息教室，利用全息投影技术实现远程教学和互动。学生在全息教室中仿佛置身于真实课堂的学习氛围，无论教师和其他学生身处何地，大家都能进行实时互动，交流想法和问题。这种全息教学不仅打破了时间和空间的限制，还能够引入全球优质教育资源，为学生提供多元化的学习机会。

其次，与全球知名学府合作，学生可以通过全息技术参与国际名校的课程。这意味着学生不再局限于本地的教育资源，而是可以随时随地接触到全球顶尖学者的教学内容，参与全球领先的教育项目。这种直接参与国际名校课程的机会，不仅拓宽了学生的知识面，也增强了他们的国际竞争力。

最后，全息虚拟校园还可以让学生参与跨国合作项目，为学生提供更为真实和沉浸式的学习体验。通过全息技术，学生可以与来自不同国家的同学和专业人士合作，进行项目开发、研究和实践。这种跨国合作不仅提高了学生的实际操作能力,还培养了他们的团队合作精神和跨文化沟通能力。全息技术提供的沉浸式学习体验,让学生仿佛置身于真实的课堂和实验室,极大地提高了学习效果和参与感。通过这种全球化、沉浸式的学习环境,学生将能够更好地适应未来职场的复杂性和多样性,成为具备全球视野和实践经验的高素质技术技能人才。这一创新举措将使高等职业教育更加具有吸引力和竞争力,培养出真正具备国际化素养的职业人才。

(四)教育-产业创新联盟:共创新型职业标准

成立教育-产业创新联盟,将高职院校、产业领军企业和政府部门联合起来,共同制定新型职业标准和技能认证。这种联盟的建立旨在确保教育内容始终与快速发展的产业需求保持高度契合,从而为培养满足未来市场需求的高素质技术技能人才提供保障。

首先,联盟的成立将汇集来自各方的专业知识和资源,由高职院校提供教学和培训方面的经验,产业领军企业提供最新的行业动态和技能需求,政府部门则为联盟的工作提供政策支持和指导。这种多方协作确保了联盟的决策和行动具有广泛的代表性和权威性。联盟将定期召开会议,讨论和研究最新的产业趋势和技能需求。通过这些会议,联盟成员可以分享各自领域的最新信息,深入了解行业的发展方向和技术进步,从而及时调整和更新教育内容和职业标准。这样的讨论和研究不仅有助于高职院校制定更具前瞻性的课程,也帮助产业界更好地理解未来人才的培养方向。

其次,联盟将共同制定新型职业标准和技能认证,确保这些标准能够准确反映行业的实际需求。通过与产业紧密合作,教育内容将被不断更新,以适应新兴技术和行业的变化。这种合作模式能够帮助高职院校开发出更实用、更具市场竞争力的课程,确保学生毕业后具备与时俱进

第七章 面向未来的高等职业教育发展愿景

的技能。联盟成员还将共同开发和推广新技术、新方法，推动教育内容和职业标准的持续更新。通过这种持续的创新和合作，教育-产业创新联盟将成为推动高等职业教育改革和提升的核心力量，确保培养出的毕业生在全球职场中具备领先优势。教育-产业创新联盟的建立，不仅为教育和产业之间搭建了一座沟通和合作的桥梁，也为未来职业教育的改革和创新奠定了坚实的基础。通过联盟的努力，高等职业教育将更加紧密地与产业需求对接，培养出能够引领未来发展的高素质技术技能人才。

（五）智慧校园绿色转型：物联网助力可持续发展

推进智慧校园建设，利用物联网技术，实现校园的绿色转型，将是高等职业教育机构在可持续发展方面的重要举措。通过智能设备和传感器网络，学校可以实时监控和优化校园的能源消耗、废物管理和资源利用，显著提高校园的环保水平。

首先，学校可以在校园内安装智能设备和传感器，实时监控和管理能源的消耗和资源的利用。通过这些设备，校园内的电力、水资源和供暖系统等关键设施将能够根据实际需求进行自动调节，从而最大限度地减少浪费。例如，教室和实验室的照明和空调系统可以根据人员活动情况自动开关，提升能源使用效率。

其次，学校可以部署智能垃圾分类和废物处理系统，提高废物管理效率。这些系统通过物联网技术，能够自动识别和分类废物，并对可回收材料进行适当处理。此举不仅有助于减少校园垃圾的总量，还能提升废物回收利用率，促进校园的循环经济发展。

再次，智慧校园建设还包括绿色建筑的建设和改造，推广节能环保技术。通过应用高效的节能设备、太阳能发电装置以及绿色建筑材料，学校可以进一步减少其碳足迹，推动校园建筑向更加环保和可持续的方向发展。

最后，在教学方面，学校还应在课程中融入可持续发展理念，培养学生的环保意识和社会责任感。通过专门的课程和实践活动，学生能够了解并掌握可持续发展相关知识，增强在未来职业中的环保意识和社会责任感，从而成为推动社会绿色转型的积极力量。通过智慧校园的绿色转型，学校不仅能够显著提升自身的环保水平，还能为学生创造一个更健康、更可持续的学习环境。这种基于物联网技术的绿色转型，不仅为校园节约资源、减少浪费提供了有效手段，还为学生树立了可持续发展的典范，培养了新一代具有环保意识和责任感的技术技能人才。

第二节 技术进步与教育模式的前瞻性探索

一、教育与科技融合

（一）全息交互课堂：超越现实的学习体验

全息投影技术正在为教育领域带来颠覆性的变革，构建全息交互课堂，让学生和教师能够在虚拟空间中实现互动和协作。这种创新的课堂形式打破了传统物理教室的限制，为学生提供了更加直观和沉浸式的学习体验。在校园内建设全息教室，可以通过全息投影技术创造360度沉浸式的教学环境，使学生仿佛置身于另一个世界，极大地提升了他们的学习兴趣和参与度。例如，清华大学历史系借助全息投影技术，成功地为学生打造了一场穿越时空的历史之旅。学生通过全息投影，仿佛置身于古代战场、宫殿或文化遗址之中，与历史人物面对面交流，亲身感受历史的沧桑巨变。这种沉浸式的学习方式，使得学生对历史事件有了更加深刻的理解和感悟。这种技术的应用不仅限于文科领域，高职院校还可以与建筑公司合作，利用全息技术模拟建筑施工现场。学生可以在虚拟环境中进行实际操作，亲身参与建筑项目的设计和施工流程，从而获得宝贵的实操经验。全息投影技术还可以应用于跨学科的互动教学，例如，在智能制造课程中，学生可以通过全息投影技术模拟真实的工厂环境，进入虚拟的生产车间，观察并操作数控车床、3D打印机和机器人系统，深入理解其工作原理和操作流程。这种互动式学习不仅大大丰富了学生的实操经验，还有效避免了实际训练中可能遇到的风险和设备损耗，为培养未来制造业的专业人才提供了强有力的支持。通过引入全息交互课堂，高等职业教育能够为学生提供更加安全、高效且具备创新性的学习环境，帮助他们更好地掌握专业技能并应对未来的职业挑战。

（二）脑机接口学习：直接知识传输的未来

脑机接口技术（Brain Computer Interface, BCI）代表着教育领域的未来变革，通过直接将知识传输到学生的大脑中，这项技术有可能显著提高学习效率，改变传统的教育模式。支持高校和科研机构在脑机接口技术方面的研究和开发将成为推动这一技术发展的关键，例如，美国的Neuralink公司已经在这一领域取得了显著进展，并展示了其在教育中的潜力。在高职院校中，脑机接口技术的试点应用可以首先集中于复杂技能的培训，如医学手术和飞行员训练等领域。通过脑机接口技术，学生可以快速接收和掌握复杂的知识和技能，大大缩短学习周期。这种直接的知识传输方式，能够使学生更快速、更精准地获取所需的专业技能，减少了传统学习过程中可能出现的错误和知识遗漏。然而，在推广脑机接口技术的过程中，制定和遵守严格的伦理和安全标准至关重要。技术的应用必须确保不会对学生的健康和隐私造成任何威胁。例如，麻省理工学院媒体实验室（The MIT Media Lab）在脑机接口技术的伦理研究方面作出了重要贡献，为安全、道德地使用这项技术提供了宝贵的指导。未来，随着脑机接口技术的不断发展和完善，它有望成为教育领域的一种革命性工具，为学生提供更高效、更直接的学习方式。然而，在应用这一技术的同时，必须始终保持对其伦理和安全问题的高度重视，以确保其能够安全、有效地造福于学生和社会。

（三）量子计算教育：颠覆传统的学习速度

量子计算技术的强大计算能力，有望彻底颠覆传统教育的学习速度和个性化教育的实现方式。通过引入量子计算资源，建设量子计算实验室，学生将有机会接触并学习这一前沿技术，掌握量子信息理论和实验基础知识，从而为未来的科技创新奠定坚实基础。例如，北京理工大学利用量旋科技的教育级量子计算机，开设量子技术实践课程，使学生能够深入了解并掌握量子计算的基本原理和应用。通过这样的实践课程，学生不仅能够在理论层面理解量子计算，还能在实验中亲身体验量子技术的实际操作和应用，为未来从事相关领域的研究和工作做好准备。量子计算的强大处理能力可以实时分析大量学生的学习数据，找出最优的学习路径和资源推荐。这意味着个性化教育将达到前所未有的精确度，每个学生都可以根据自己的学习进度和需求，获得量身定制的学习方案。例如，深圳中学与南方科技大学合作共建的南方科技大学薛其坤院士量子创新实验室，通过量子计算设备，如量旋三角座和量旋双子座 Mini Pro，帮助学生在实践中探索量子计算的奥秘，并在量子世界中获取实际经验。此外，量子计算还可以解决传统计算技术难以处理的复杂教育问题。例如，通过优化课程安排、模拟教育政策的长期影响等，量子计算能够帮助教育机构更加科学地制订教学计划，提升教育效率和效果。中国科学技术大学的"天元"量子模拟器展示了量子模拟在解决经典计算机无法胜任的重要科学问题上的巨大潜力，这种优势同样可以应用于教育领域，推动教育模式的深刻变革。量子计算在教育中的应用，不仅能够加速知识的传播和掌握，还能够通过更精准的数据分析和模拟，为教育决策提供科学依据，提升整体教育质量。随着量子计算技术的不断发展，教育领域将迎来更加高效、智能的个性化学习体验，培养出更加满足未来需求的高素质人才。

（四）虚拟导师系统：AI驱动的个性化实时指导

开发由 AI 驱动的虚拟导师系统，为每个学生提供个性化的实时指导，是未来教育模式的重要创新。虚拟导师能够全天候在线，根据学生的学习进度和需求，提供即时的帮助和建议，确保每个学生在学习过程中都能得到及时支持。虚拟导师系统的开发可以借鉴已有的 AI 技术应用。例如，IBM Watson 已经在医疗和法律等领域成功实现了虚拟助手的应用，这些经验可以被引入教育领域。通过 AI 技术，虚拟导师可以实时分析学生的学习数据，为其提供个性化的学习建议和指导。例如，Coursera 的 AI 系统能够根据学生的学习进度和表现，推荐最合适的课程和学习资源，帮助学生更有效地掌握新知识。此外，虚拟导师系统还可以支持多种语言，满足全球学生的需求。这种多语言支持功能使得虚拟导师系统能够为拥有不同语言背景的学生提供同样高质量的学习指导。例如，Duolingo 的 AI 系统已经展示了多语言学习支持的能力，可以帮助学生学习多种语言，并在学习过程中提供及时的反馈和建议。虚拟导师不仅能够为学生提供个性化的学习路径建议，还能根据学生的即时需求进行答疑解惑，甚至在遇到学习瓶颈时提供心理支持。这种全天候的学习伴随,不仅大大提高了学生的学习效率,还帮助学生建立了更加自主和自信的学习习惯。通过虚拟导师系统,教育将变得更加个性和灵活,学生可以在自己的学习过程中随时获得指导和支持,从而最大程度地发挥自己的学习潜力。这种基于 AI 的实时指导系统,将在教育领域创造出前所未有的学习体验,为培养更加满足未来需求的高素质人才提供强有力的支持。

(五) 分布式学习区块链:去中心化的全球教育网络

利用区块链技术创建分布式的学习网络,可以使全球教育资源和认证去中心化,从而赋予学生更大的自主权和灵活性。学生可以在这一网络上自由选择和学习全球的优质课程,并积累学分,无须依赖单一的教育机构。这种模式为未来的教育体系带来了前所未有的灵活性和开放性。首先,建设相应的教育区块链平台是实现这一愿景的关键。例如,MIT Media Lab 开发的 Blockcerts 平台,已经可以颁发和验证基于区块链的教育证书。通过这样的平台,学生的学习成果和证书将被记录在区块链上,确保其真实性和不可篡改性。这种方式不仅使证书的颁发更加透明,还使得全球范围内的学历和技能认证更加可信。通过区块链技术,全球的教育资源得以共享,学生可以自由选择并学习来自不同国家和机构的优质课程。例如,Coursera 和 edX 等在线教育平台可以利用区块链技术记录和认证学生的学习成果,这些成果将被区块链永久保存,并且可以被全球范围内的用人单位和教育机构所认可。此外,在区块链平台上实现学分互认,学生可以将自己在不同教育机构的学习成果累积在一起,形成一个完整的学分记录。这种学分互认系统更具灵活性,使学生可以根据自己的兴趣和职业目标自由规划学习路径。例如,IBM 和索尼公司(Sony)联合开发的教育区块链平台已经展示了记录和认证学生在不同机构学习成果的功能,学生可以在这一平台上整合自己的学习经历,最终形成一个完整的学术或职业资历档案。分布式学习区块链的建立，不仅推动了全球教育资源的开放和共享，也为学生提供了更大自由度和灵活的学习体验。这一去中心化的全球教育网络，能够打破传统教育的限制，为未来的学习者创造一个更加平等、多样和创新的教育环境。通过这种方式，学生可以在全球范围内自由探索知识，积累学分，并最终获得全球认可的资历，这将极大地提升他们在全球职场中的竞争力。

二、开放教育资源

开放教育资源（Open Educational Resources, OER）与大规模开放在线课程（Massive Open Online Courses, MOOC）的整合，通过虚拟现实、人工智能、增强现实、众筹与众创以及量子计算等前沿技术，正在深刻改变高等职业教育的未来。这一变革不仅拓宽了学习边界，还为学生提供了个性化、沉浸式和高度互动的学习体验。随着这些技术的不断发展，教育资源的整合和应用将推动教育模式的全面创新，使高等职业教育更加灵活、高效，并为学生的职业发展创造无限可能。

（一）虚拟现实中的开放教育资源：沉浸式学习新范式

虚拟现实技术正在将开放教育资源提升到一个全新的高度，创造出沉浸式学习环境，使学生能够更加真实地体验和理解所学内容。这一技术通过多感官的沉浸式体验，将学生带入虚拟世界，使他们不仅能够观看和倾听，还能"身临其境"地感受和互动。这样的学习方式极大地突破了传统教学的局限，尤其在需要高度细节化和互动性的领域表现尤为突出。例如，医学专业的学生可以通过虚拟现实进行虚拟解剖实验，详细观察人体结构，而不再仅仅依赖传统的解剖课。通过虚拟现实，学生可以在虚拟环境中进行操作，探索人体的各个系统和器官，观察它们如何相互作用。这种互动式的学习方式不仅加深了学生对复杂解剖学概念的理解，还大大提升了学习的效率和效果，减少了对昂贵且有限的物理资源的依赖。

斯坦福大学的虚拟心脏项目（Virtual Heart Project）就是一个典型的案例。该项目利用虚拟现实技术，帮助医学生在虚拟现实中互动式地学习心脏的结构和功能。学生能够在虚拟空间中近距离观察心脏的内部运作，包括心脏的跳动、血液流动以及各个心脏瓣膜的开闭过程。这种全方位的视觉和操作体验，使学生能够对复杂的生理过程有更直观和深入的理解，远超传统图书或二维影像的学习效果。此外，虚拟现实技术还应用于其他学科，如建筑、工程、艺术等。学生可以在虚拟环境中进行建筑设计，模拟工程施工，甚至参与虚拟的艺术创作过程。通过这些沉浸式的学习体验，学生能够在真实世界中难以实现的环境中进行实践，培养更强的实际操作能力和创新思维。虚拟现实技术为开放教育资源注入了新的活力，开创了一种沉浸式学习的新范式。它不仅打破了传统教学的时空限制，还为学生提供了更具互动性和参与感的学习方式，帮助他们更好地掌握复杂知识，提升学习效果，为未来职业生涯打下坚实的基础。

（二）开放教育资源的自适应学习路径：人工智能驱动的个性化教育

AI 技术正在重新定义开放教育资源的应用方式，通过分析学生的学习数据，提供个性化的学习路径和资源，从而满足每个学生的独特需求。AI 能够实时监测和分析学生的学习行为和进度，动态调整教学内容和学习路径，确保每个学生都能以最适合自己的方式学习。这种自适应学习系统特别有助于识别学生的强项和弱项，并据此推荐最合适的学习材料和方法，从而大大提高学习效率。例如，语言学习平台 Duolingo 利用 AI 技术分析用户的答题情况，实时调整课程的难度和内容，提供个性化的学习体验。在每个用户的学习过程中,AI 都会根据其回答的准确性和速度,动态调整练习的难度,以确保用户始终处于最佳的学习状态。这种个性化的调整不仅保持了学习的挑战性,还能帮助用户更快地掌握语言技能。加州大学伯克利分校的 edX 平台也通过 AI 技术为学生提供个性化的学习路径。AI 根据学生在平台上的学习数据,自动分析他们的学习习惯、进度和成绩,进而为每个学生量身定制学习路径。通过这种方式,学生可以专注于需要加强的领域,同时快速推进已经掌握的内容。这种自适应学习路径大大提高了学习效率,使学生能够更有针对性地进行学习,从而显著提升他们的学习成绩。此外,AI 驱动的个性化教育还能够提供即时反馈和指导,帮助学生在学习过程中不断调整和优化自己的学习策略。例如,当学生在某个知识点上遇到困难时,AI 系统可以自动推荐相关的补充材料或练习,帮助学生更好地理解和掌握该知识点。这种持续的支持和指导,使得学生在整个学习过程中都能保持高效和积极的状态。AI 驱动的自适应学习路径代表了个性化教育未来的发展方向。通过将 AI 技术与开放教育资源相结合,教育能够更精确地满足每个学生的学习需求,提升学生学习的效率和效果。这样的个性化教育方式,不仅使学生的学习体验更加丰富和高效,还为他们的学术成功和未来发展奠定了坚实基础。

(三)开放教育资源与 MOOC 的混合现实课堂:打破虚拟与现实的界限

AR 和虚拟现实(VR)技术的结合,正在创造出一种全新的混合现实课堂,将开放教育资源和大规模开放在线课程融入其中,提供多感官的学习体验。这种技术融合使得教学内容不限于屏幕上的二维呈现,而是延伸到现实空间中,形成虚实结合的学习环境,彻底打破了虚拟与现实的界限。在混合现实课堂中,AR 技术可以将虚拟元素叠加在现实世界中，让学生能够在实际环境中看到增强的教学内容，而VR技术则可以让学生进入完全虚拟的空间，进行沉浸式学习。例如，建筑学专业的学生在这种混合现实课堂中，可以利用AR技术在现实环境中看到建筑模型的立体呈现，观察其在实际场景中的效果。同时，通过VR技术，学生可以进入建筑物的内部进行虚拟漫游，体验和学习建筑结构的内部设计与空间布局。哈佛大学的建筑学课程就是这种混合现实技术应用的一个典型案例。通过将开放教育资源和MOOC课程内容融入混合现实技术，学生不仅可以在AR环境中观察建筑模型的细节，还能够通过VR技术进入虚拟的建筑环境进行互动和学习。这种方式不仅增强了学生对建筑设计的理解，还为他们提供了一种前所未有的沉浸式学习体验，使得复杂的建筑概念和设计思维得以更直观、更生动地呈现。混合现实课堂的引入，大大提升了教学效果。学生在这样的环境中，不仅可以动手操作，还能在虚拟世界中模拟各种场景，进行实验和探索，增强了学习的主动性和创造性。这种多感官的学习体验，使得理论知识和实践操作得以无缝融合，让学生能够更深刻地理解和应用所学知识。通过将AR和VR技术与开放教育资源及MOOC相结合，混合现实课堂为教育提供了一种全新的教学方式。它不仅打破了虚拟与现实的界限，还开创了更加互动、沉浸和有效的学习模式，帮助学生在更具现实感和参与度的环境中学习和成长。这一创新教育形式，为高等职业教育带来了无限的可能，推动了教育模式的深刻变革。

（四）教育资源的众筹与众创：去中心化的教育内容生产模式

众筹和众创平台正在为教育资源的创建和资助开辟一条去中心化的新路径，激发集体创造力，提升教育资源的多样性和创新性。这种模式打破了传统教育资源生产仅由机构和企业主导的局限性，转而让学生、教师和教育爱好者共同参与到教育资源的开发和传播中。通过众筹平

第七章 面向未来的高等职业教育发展愿景

台，教育资源的生产变得更加民主。任何人，无论是学生、教师还是教育爱好者，都可以发起项目，寻求资助，并共同参与到教育内容的创造中。例如，TED-Ed 平台展示了全球范围内的教师和教育专家如何通过众创模式制作高质量的互动式教育视频。这个平台鼓励教育工作者和学术专家合作，将复杂的学术概念转化为易于理解且富有趣味的教学视频。这些视频涵盖了从基础科学到艺术人文的广泛主题，由全球志愿者团队共同策划、制作并上传，极大地丰富了在线教育资源库，满足了多样化的学习需求。另一个众筹成功的典型案例是 Code.org 项目，该项目通过 Kickstarter 平台成功筹集了大量资金，推出了一系列面向青少年的免费编程课程。Code.org 不仅吸引了技术领域的专业人士参与课程设计，还激发了全球范围内家长和学生的热情参与。这种共同努力推动了编程教育在基础教育中的普及，使得编程技能不再是少数人的"特权"，而成为每个孩子都可以接触和掌握的能力。Code.org 的成功展示了众筹如何促进教育资源的创新与普及。通过众筹，原本可能因为资金限制而难以实现的优质教育资源得以广泛传播，并且能够迅速满足学生和教师的实际需求。众创平台则进一步提升了教育资源的丰富性和创新性，允许更广泛的群体参与到教育内容的生产中。这种去中心化的生产模式，不仅赋予教育资源更大的灵活性和创造力，也为教育资源的可持续发展提供了强大的动力。通过众筹和众创，教育资源的生产和传播变得更加开放和包容，为每一个热爱教育的人提供了参与的机会。无论是开发新课程、制作教育视频，还是创建互动式学习工具，众筹和众创平台都能够汇聚全球的智慧和资源，推动教育内容的不断创新和普及。

（五）量子计算与教育资源优化：突破性技术的未来教育应用

量子计算作为一项突破性技术，正逐步展现出其在教育资源优化方面的巨大潜力。凭借强大的计算能力，量子计算能够实现教育资源的精准匹配和高效分配，彻底革新教育资源管理模式。这一技术的应用，可能给未来的教育体系带来革命性的变化。量子计算的优势在于其处理海量数据的速度和效率，这使得它能够在极短的时间内分析和理解学生的学习行为和需求。通过量子计算，高职院校可以迅速处理来自全球的教育资源数据，并为每个学生提供最适合的学习材料和课程。例如，量子计算可以通过分析学生的学习记录、兴趣领域和知识水平，快速匹配全球范围内的最优教育资源，确保学生获得最满足其需求的学习内容。这种资源配置方式不仅极大地提升了教育资源的利用效率，还能够为学生提供更个性化的学习体验。谷歌量子人工智能实验室（Google Quantum AI Lab）正在研究量子计算在教育领域的应用，旨在通过这一技术快速分析和处理学生的学习数据，为每个学生提供最精准的学习资源和路径建议。这种量身定制的学习路径，不仅能满足学生的个性化需求，还能在学生遇到学习障碍时为其提供实时支持，帮助他们克服困难、提升学习效果。量子计算的应用有望彻底改变未来的教育模式。通过量子计算技术，高职院校可以更加有效地管理和分配资源，实现教育资源的最优配置。这种高效、精准的资源管理方式，将使教育系统更具灵活性，具有更快的响应速度，确保每个学生都能获得最合适的教育资源，最大化他们的学习潜力。随着量子计算技术的不断发展和成熟，其在教育中的应用前景将更加广阔。这一技术不仅能够提高教育资源的利用效率，还将推动教育模式向更加智能化、个性化的方向发展，为未来教育体系的创新提供强有力的技术支撑。

三、个性化学习路径

个性化学习路径在技术进步的推动下，为高等职业教育带来了前所未有的创新和变革。通过深度学习算法、区块链技术、混合现实、众包学习和情感计算等前沿技术，高等职业教育不再局限于传统的教学模式，而是实现了真正意义上的个性化和精准化。这些技术不仅提升了教学质量和学习效果,还为学生提供了更加灵活和沉浸式的学习体验。

(一)深度学习算法与行为数据融合:重新定义职业技能训练路径

深度学习算法与学生行为数据的融合,正在重新定义职业技能训练的路径,打破传统固定课程模式的局限。通过深度学习算法,教育系统能够动态生成和优化个性化的职业技能训练路径,确保每个学生都能以最有效的方式掌握所需的技能。深度学习算法通过对学生的学习行为数据进行分析,能够精准识别每个学生的学习特点和需求。例如,在机械制造课程中,深度学习算法可以分析学生的操作数据和练习记录,发现他们在某些特定技能上的薄弱环节。基于这些分析结果,算法可以自动推荐相应的训练内容和资源,以帮助学生更好地掌握这些技能。这种个性化的学习路径,不仅针对学生的具体需求进行调整,还能够随时动态优化,确保学生在学习过程中始终得到最适合的指导和支持。卡内基梅隆大学的 LearnLab 项目是这一理念的成功应用之一。该项目利用数据挖掘和机器学习技术,深入分析学生的学习行为数据,从而优化个性化学习路径。研究表明,通过深度学习算法生成的个性化学习路径,学生的学习效果和技能掌握度得到了显著提高。这一成果展示了深度学习算法在教育领域的巨大潜力,特别是在职业技能训练中的应用前景。通过深度学习算法与行为数据的结合,教育系统能够实现更加精细的教学管理,为每个学生定制最适合他们的学习路径。这种方法不仅提高了学生的学习效率,还为学生的技能提升提供了更有力的支持,推动高等职业教育向更加个性化和智能化的方向发展。未来,随着技术的进一步发展,深度学习算法将在职业技能训练中发挥更大的作用,助力学生更快、更好地掌握职业技能,为他们的职业生涯奠定坚实的基础。

（二）区块链技术在个性化教学中的应用：透明化学习记录与评价

区块链技术正在为个性化教学带来革命性变化，其通过创建不可篡改的学习记录和评估体系，实现学习过程的透明化，并激励学生积极展示他们的学习成果。区块链的去中心化和不可篡改特性，使得学习记录和评估结果更加可信和公开，确保了评估过程的公平性，同时增强了学生参与学习的积极性。利用区块链技术，学生的学习过程和评估结果可以被永久记录并公开透明。这不仅提升了评估的公正性，还允许学生将自己的学习成果安全地展示给潜在的用人单位或其他教育机构。学生可以通过这种方式全面展示其技能和成就，甚至可以自主选择将特定的学习成果公开或共享，这在一定程度上激励学生更加积极地参与学习过程，提升学习体验和成效。麻省理工学院开发的 Blockcerts 平台就是区块链技术在教育领域的成功应用。Blockcerts 是一个开源的区块链平台，专门用于验证和颁发教育证书。通过该平台，学生的学习成果被永久记录在区块链上，确保了这些成果的真实性和不可篡改性。学生可以随时通过这个平台展示自己的技能和成就，用人单位或教育机构也能够便捷地验证这些信息的真实性。这种基于区块链的透明化学习记录与评价体系，显著提高了评估的透明度和可信度。它不仅消除了传统评估体系中的人为误差和不公正，还为学生提供了一种全新的方式来展示自己的学术成就和职业技能。这种方式极大地增强了学生学习的动力，鼓励学生积极参与并展示自己的学习成果，为个性化教学的推广和应用提供了强有力的技术支持。随着区块链技术的不断发展，它将在个性化教学中扮演越来越重要的角色。通过区块链技术，教育系统能够实现更加透明、公正和可信的评估与记录体系，帮助学生在学习和职业生涯中展示他们的真实能力和成就。

（三）高等职业教育中的混合现实实验室：AR/VR技术推动沉浸式技能训练

AR和虚拟现实技术的结合，正在高等职业教育中构建一种全新的混合现实实验室，为学生提供虚实结合的沉浸式技能训练环境。通过这种创新的教育模式，学生可以在虚拟环境中进行各种实际操作练习，而不受时间和空间的限制，从而极大地提升实际操作能力和职业技能。AR和VR技术能够为学生提供身临其境的学习体验，使他们能够在高仿真的虚拟环境中进行复杂的操作练习。例如，电工专业的学生可以在VR环境中进行电路组装和故障排除练习，仿佛置身于真实的工作场景中。通过这种方式，学生可以反复练习操作，深入理解电路系统的构造和运行原理，并学会在安全的虚拟环境中解决实际问题。这不仅有助于提高他们的实践技能，还能有效降低在真实操作中可能出现的安全风险和设备损耗。宾夕法尼亚州立大学的建筑学院为学生创建了一个混合现实实验室，充分利用AR和VR技术，让学生在虚拟环境中进行建筑设计和施工模拟。学生可以通过AR技术在现实世界中看到虚拟建筑模型，观察其在实际环境中的呈现效果，同时通过VR技术进入建筑物内部进行虚拟漫游和施工模拟。通过这样的沉浸式学习方式，学生不仅能够更好地理解复杂的建筑概念，还能在实践中提升自己的操作技能和设计思维。混合现实实验室的引入，打破了传统课堂的局限，为高等职业教育提供了更为灵活和多样的训练模式。学生可以在虚拟环境中自由探索、实验和创新，无须担心现实中时间、空间或资源的限制。这种方式不仅提高了学习的效率和效果，还增强了学生的自信心和创造力，为他们未来的职业生涯奠定了坚实的基础。通过AR/VR技术推动的混合现实实验室，高等职业教育正在迈向一个更加智能化和个性化的时代。学生能够在这种环境中获得更多的实践机会，深入理解所学知识并将其应用于实际操作，从而更好地为未来的工作场景做好准备。这一创新的教育方式，必将推动职业技能训练向更高水平发展，培养出更加优秀的技术人才。

（四）高等职业教育领域的众筹学习：集体智慧提升个性化教学质量

众筹学习的引入正在为高等职业教育带来新的变革，其通过让学生和行业专家共同参与教育内容的创建和优化，极大地提升了教育资源的多样性和创新性。众筹平台不仅改变了学生的角色，使他们从被动的学习者转变为主动的内容生产者，还推动了教育内容的实用性和个性化发展。在众筹学习模式下，学生可以根据自己的学习需求和经验，积极参与到教育资源的开发过程中。例如，学生可以与行业专家合作，共同设计和开发实际项目案例，将他们在学习过程中遇到的问题和解决方案融入教育资源。这种合作不仅使教育内容更加贴近实际工作需求，还提升了学生的参与感和学习效果。芬兰的阿尔托大学（Aalto University）通过其在线平台 Aalto Online Learning (A!OLE)，成功引入了众筹学习模式。该平台鼓励学生和教师共同创建和优化课程内容，打破了传统教学的单向知识传递模式。在 A!OLE 平台上，学生可以提出自己的项目想法，并与行业专家和教师合作，开发出实用性强、针对性强的课程材料。这种合作方式使教育资源更加多样化，同时确保了课程内容的高质量和实用性。众筹学习不仅丰富了高等职业教育的教学内容，还推动了教学质量的提升。通过集体智慧的汇聚，众筹学习模式能够更加精准地满足不同学生的个性化学习需求，提供多样化的学习路径和资源。这种模式下生成的教育内容，不仅具有高度的实用性，还能够迅速响应行业的发展变化，为学生提供最前沿的知识和技能。众筹学习在高等职业教育领域的应用，为提升个性化教学质量提供了新的路径。通过让学生和行业专家共同参与内容创作，高等职业教育能够更加灵活地适应不断变化的市场需求，培养出更具实践能力和创新思维的技术人才。这一模式的推广，将为高等职业教育带来更高的教育质量和更广泛的教育资源，推动高等职业教育迈向新的高度。

（五）情感计算与高等职业教育：通过情绪监测提升个性化学习体验

情感计算技术正在为高等职业教育带来新的可能，其通过实时情绪监测，动态调整教学内容和节奏，为学生提供更加人性化和个性化的学习支持。这一技术利用传感器和情感识别算法，能够精准捕捉学生的情绪状态，如焦虑、兴奋或疲劳，从而根据这些情绪变化，提供适时的学习支持和反馈，极大地提升了学习效果。情感计算通过监测学生的情绪状态，可以帮助教育系统更好地理解学生在学习过程中的心理状态。例如，当学生在学习过程中表现出焦虑或疲劳时，系统可以自动降低教学内容的难度或放慢教学节奏，以减轻学生的压力。当学生表现出兴奋或高度集中注意力时，系统则可以适时增加挑战性内容，保持学生的学习动力和兴趣。例如，美国伍斯特理工学院（Worcester Polytechnic Institute, WPI）在其情感计算研究中成功应用了情绪识别技术来监测学生在编程课程中的情绪状态。通过分析这些情绪数据，系统能够动态调整教学内容和节奏，提供针对性的个性化学习支持。这种情感驱动的教学方法，不仅帮助学生更好地应对学习中的困难，还显著提高了他们的学习体验和课程完成率。情感计算技术的应用，不仅提升了学习的个性化程度，还使得教育过程更加人性化。通过关注学生的情绪变化，情感计算为高等职业教育提供了一个全新的维度，帮助教师和教育系统更好地理解和满足学生的需求。这种技术不仅有助于提高学生的学术表现，还能增强他们的学习自信心和积极性。情感计算在职业教育中的应用，将推动教育模式向更加智能、个性化的方向发展。通过情绪监测技术，教育系统能够更精准地调整教学策略,为学生提供最适合的学习支持,确保他们在学习过程中始终保持积极的心态和良好的学习效果。这一创新技术的应用,将为高等职业教育带来更高的学习质量和更好的学生体验。

第三节 构建终身学习体系 服务全民技能提升

一、终身学习理念

在新质生产力驱动下,高等职业教育需要适应性转型,构建终身学习体系,以服务全民技能提升。前沿技术和创新模式的引入,如AI、VR、微认证与技能组合等,不仅革新了传统职业教育的方式,还为学习者提供了更加灵活、个性化的学习路径。这些新颖且富有职业教育特色的策略,能够有效推动终身学习理念的普及和实践。

(一)智能学习伴侣:人工智能驱动的个性化终身学习指导

AI技术正在为学习者提供全方位、个性化的学习指导,帮助他们在职业生涯的各个阶段进行有效的学习和技能提升。通过分析学习者的行为数据,AI能够深入了解其学习习惯、需求和职业目标,从而为其提供量身定制的学习路径和资源推荐。这种个性化的学习支持,确保学习者能够持续提升职业能力和竞争力,满足不断变化的职场需求。AI技术可以根据学习者的职业发展阶段和个人兴趣,智能推荐相关的学习课程和技能培训项目。例如,对于刚刚进入职场的新人,AI可以推荐基础技能培训课程,帮助他们快速适应工作环境;对于有一定工作经验的学习者,AI则会推荐更高级的专业课程或管理培训,助力他们在职业生涯中不断进步。优达学城(Udacity)与谷歌合作推出的"AI智能学习助手"就是这一技术的成功应用案例。该助手通过实时分析学生的学习行为，提供个性化的学习建议和资源推荐。例如，当学生在学习过程中遇到困难时，AI助手可以即时提供相应的辅导和学习材料，帮助学生克服学习难题。这种实时反馈机制，不仅提升了学生的学习效率，还帮助学生保持学习的连续性和动力，最终提高了学习效率。智能学习伴侣的出现，标志着终身学习进入了一个全新的智能化时代。无论学习者处于职业生涯的哪个阶段，AI驱动的学习指导都能够为其提供精准、个性化的支持，帮助他们不断发展和提升职业技能。这种技术的广泛应用，将显著提升职场人士的竞争力，同时推动高等职业教育和培训向更高效、更具针对性的方向发展。

（二）职业教育中的逆向学习路径：从高级技能到基础知识的反向培养

逆向学习路径是一种创新的职业教育模式，它通过从高级技能入手，再反向学习相关的基础知识和理论，颠覆了传统的教学方法。传统职业教育通常从基础知识开始，逐步深入到高级技能，而逆向学习路径则先让学生接触和掌握高级技能或完成复杂项目，通过实际成果的展示激发学生的学习兴趣和动机，然后回到基础知识的学习。这种方法不仅提高了学生的实际应用能力，还增强了他们对学习的兴趣。在这种逆向学习路径中，学生首先面对的是高级技能的直接应用，这样的教学方法能够让学生迅速看到学习成果，从而激发更大的学习热情。例如，美国的一些编程训练营采用了这一方法，学生首先被引导参与复杂的项目开发，如构建一个功能齐全的网页应用。在完成一些实际功能之后，学生再回过头来学习支撑这些功能的基础技术，如HTML、CSS和JavaScript。通过这种方式，学生能够快速体验到学习带来的实际成果，同时明确理解为什么需要掌握相关的基础知识，从而在学习过程中保持较高的动机和专注度。逆向学习路径不仅适用于编程领域，还可以广泛应用于其他职业教育领域。例如，在烹饪课程中，学生可以先学习制作复杂的高级菜肴，直接体验烹饪的乐趣和成就感，然后回到食品科学和基础烹饪技巧的学习。这种方法能够帮助学生更好地理解基础知识在高级技能中的应用场景，增强他们的学习动机和实践能力。这种目标导向的逆向学习路径在职业教育中具有广泛的应用潜力。它不仅能够提升学生的实际操作能力，还能通过实际成果的展示和体验激发学生的学习兴趣，使他们在学习过程中更加投入和积极。这种学习模式顺应教育中越来越强调的实践导向和结果导向，为高等职业教育的创新提供了新的思路。通过逆向学习路径，学生能够在学习的早期就体验到职业技能的实际应用价值，这不仅有助于巩固他们的学习成果，还能显著提升他们的职业素养和就业竞争力。这种方法尤其适合那些希望快速进入职业岗位的学生，为他们提供了一条更加有效的学习路径和职业发展的捷径。

（三）虚拟现实学习社群：构建沉浸式终身学习环境

VR 技术正逐步改变传统教育模式，通过构建沉浸式学习环境，极大地增强了学习者的互动性和参与感，进而促进了终身学习的实现。VR 技术为学习者提供了身临其境的学习平台，尤其适用于那些需要实际操作的职业技能培训。通过 VR，学习者可以在虚拟环境中进行逼真的模拟操作，获得与现实中相似的实践经验，而不受时间和空间的限制。在高等职业教育领域，VR 技术的应用已经展现出了巨大的潜力。例如，宾夕法尼亚州立大学的建筑学院创建了一个 VR 实验室，学生可以在虚拟现实环境中进行建筑设计和施工模拟。通过这种沉浸式的学习方式，学生不仅能够更好地理解复杂的建筑概念，还能在实践中提升操作技能。VR 技术让学生有机会在虚拟环境中反复操作、试验和学习，不必担心现实中可能出现的高成本或安全问题。此外，VR 学习社群的构建，为学习者提供了能够随时随地进行学习的互动平台。在虚拟学习社群中，学习者可以与其他学员、教师甚至行业专家进行实时交流和合作，分享学习心得和实践经验。这种高度互动的学习环境，激发了学习者的积极性和参与性，使得他们能够在一个支持性强、资源丰富的环境中持续学习和成长。通过VR学习社群，终身学习的理念得到了更好的贯彻。无论学习者处于职业生涯的哪个阶段，他们都可以利用VR技术不断提升自己的技能和知识水平。VR学习社群不仅为职业技能的学习和提升提供了便利，还为跨行业和跨领域的学习交流创造了可能，使得学习者能够在不断变化的职业环境中保持竞争力。总之，VR技术通过构建沉浸式学习环境和互动性强的学习社群，推动了高等职业教育的创新发展。它为学习者提供了灵活、多样且高效的终身学习平台，使得他们能够随时随地进行实践和学习，从而不断提升自己的职业技能和适应能力。

（四）微认证与技能组合：打破传统学历界限的灵活职业教育体系

微认证系统和技能组合的引入，正在打破传统学历的界限，为学习者提供更加灵活和个性化的职业教育和技能提升途径。与传统的学位教育不同，微认证系统通过对特定技能的认证，使学习者能够根据自身需求和职业目标，灵活选择学习内容，获得相应的技能证书。这种模式不仅能够快速满足现代职业发展的多样化需求，还为学习者提供了更多的职业发展机会。微认证系统的优势在于其灵活性和针对性。学习者可以选择与其职业发展密切相关的技能进行学习，并通过完成在线课程或项目，获得相应的技能认证。例如，IBM推出的Open Badge微认证系统就是这一理念的成功实践。通过这一系统，学习者可以通过在线课程和实际项目获得具体技能的认证，这些微认证不仅被IBM认可，也逐渐被其他企业和行业所接受，帮助学习者在职场中获得更多机会。这种微认证和技能组合的模式，为学习者提供了更加灵活的职业发展路径。传统的学历教育往往需要几年时间才能完成，并且课程内容较为固定，而通过微认证系统，学习者可以在较短时间内掌握特定技能，并获得官方认可的证书。这些技能证书可以单独展示，也可以组合起来，形成更全面的职业技能组合，为学习者在竞争激烈的职场中提供优势。此外，微认证系统还促进了学习者终身学习理念的形成。学习者可以根据职场需求和个人兴趣，不断更新和扩展自己的技能组合，保持其职业竞争力。无论是在职场新人阶段还是职业发展中期，微认证系统都提供了便捷的技能提升途径，帮助学习者应对职业挑战，提升职业素养。微认证与技能组合的引入，为职业教育提供了一种全新的模式。它不仅打破了传统学历的限制，提供了更加灵活的学习和认证方式，还使得职业教育更加适应现代社会的快速变化。通过这种模式，学习者能够在更短的时间内获得实用技能，提升职业竞争力，实现职业生涯的持续发展。

（五）职业教育中的众筹学习计划：集体智慧促进终身技能提升

众筹学习计划通过集体智慧和资源的整合，推动职业教育的发展并促进终身学习的实现。利用众筹平台，学习者与行业专家共同参与课程的设计和开发，这种模式不仅极大地丰富了教育资源，还增强了学习者之间的互动与合作，显著提升了学习效果。众筹学习计划的核心在于其开放性和协作性。通过众筹平台，学习者可以提出自己感兴趣的学习主题或项目想法，并邀请教师、行业专家以及其他学习者共同参与开发课程内容。这种集体参与的方式，不仅使得教育资源更加多样化和实用化，还确保了课程内容能够及时反映行业最新动态和技能需求。例如，芬兰的阿尔托大学在其在线平台 Aalto Online Learning (A!OLE) 上成功引入了众筹学习模式。该平台鼓励学生和教师共同创建和优化课程内容，打破

第七章 面向未来的高等职业教育发展愿景

了传统教育中的单向知识传递模式。在 A!OLE 平台上，学生可以提出自己的项目想法，并与行业专家合作开发课程材料，这种方式极大地提升了教育资源的多样性和实用性。通过这种众筹学习计划，学生不仅能够更主动地参与到学习过程中，还能够与行业中的实践者建立联系，获得更具现实意义的技能和知识。众筹学习计划还为终身学习提供了灵活而富有创新的途径。学习者在职业生涯的不同阶段，可以根据自身需求和行业发展，随时发起或参与众筹学习项目，从而不断提升和更新自己的技能。这种模式特别适合快速变化的职业环境，帮助学习者保持竞争力并适应新的职业挑战。通过集体智慧和资源的共享，众筹学习计划为职业教育注入了新的活力。它不仅丰富了学习内容和方式，还通过集体合作和互动，增强了学习者的参与感和学习效果。这种创新的教育模式，不仅提升了职业教育的灵活性和多样性，还为实现终身技能提升提供了强有力的支持，使得学习者能够在整个职业生涯中不断成长和进步。

二、学习平台与服务体系

高等职业教育需要构建多元化的终身学习平台与服务体系，以满足不同群体的学习需求，推动全民技能提升。通过引入前沿技术和创新模式，如区块链认证、学生导师制、虚拟现实培训、编程马拉松（hackathon）和 AI 教练，高等职业教育可以实现更加透明、高效和个性化的学习体验。这些措施不仅提升了教育质量，还增强了学生的职业竞争力和适应能力。

（一）在线课程与区块链认证：确保教育透明度与可信度

区块链技术在在线课程认证中的应用，正大幅提升教育的透明度和可信度。通过区块链技术，在线课程平台能够为学习者提供不可篡改的学习记录和证书认证，从而确保教育经历的真实性和公信力。这种技术创新，解决了传统教育中认证易被伪造或篡改的问题，使得学习者的教育成就更加可信和透明。区块链技术的核心优势在于其去中心化和不可篡改的特性，这使得学习记录和证书可以永久保存，且无法被篡改或伪造。例如，在线课程平台可以使用区块链技术记录每个学习者的课程完成情况、考试成绩以及所获得的技能认证。这种透明的记录方式，不仅为学习者提供了可信的学习证明，还为用人单位和教育机构提供了一个可靠的验证工具，确保所呈现的教育经历真实可信。麻省理工学院开发的 Blockcerts 平台就是区块链技术在教育领域应用的一个典型案例。Blockcerts 平台通过区块链技术为学生颁发不可篡改的数字证书，这些证书不仅被广泛认可，还极大地增强了学生的就业竞争力。在求职或申请进一步教育时，学生只需提供区块链证书，用人单位或招生机构即可轻松验证其真实性，确保其教育经历的可靠性。这种基于区块链技术的认证方式，为在线教育提供了强有力的支撑，使得在线课程的可信度和透明度得到了前所未有的提升。学习者通过区块链认证的在线课程，不仅能够获得更加广泛的认可，还能在职场中展现出更强的竞争力。随着区块链技术在教育领域的进一步普及，在线课程将会更加透明和可信，为全球教育体系带来更高的标准和信任度。

（二）社区学院中的学生导师制：学生主导教学的创新模式

学生导师制是一种创新的教学模式，其通过让学生在教学过程中扮演主动角色，提升学习效果和教学互动性。在这一模式下，高年级或经验丰富的学生担任导师，帮助低年级或新入学的学生适应学习环境，并使其更好地掌握课程内容。这种学生主导的教学方式，不仅增强了学生之间的互动，还培养了学生的领导能力和教学技能。学生导师制的引入改变了传统的师生关系，让学习过程变得更加协作和互动。高年级学生通过担任导师，可以将自己在学习过程中积累的经验和知识传递给新生，帮助他们克服初期的学习困难。这不仅加深了"导师"自身对课程内容的理解，也增强了新生对课程的兴趣和参与感。"导师"与新生之间的关系更为平等，这种同辈之间的交流使得新生更容易表达困惑和需求，进而提升学习效果。美国加州大学伯克利分校在其社区学院中成功实施了学生导师制项目。通过这一项目，经验丰富的学生担任新生的导师，指导新生更好地理解课程内容，并为新生提供学习策略和时间管理建议。这一举措显著提高了新生的学业成绩和适应能力，也为高年级学生提供了宝贵的领导和教学经验。学生导师制不仅有助于提升新生的学习效果，还培养了"导师"的领导能力和教学技能。这些"导师"在帮助他人学习的过程中，也不断巩固自己的知识，提升了自信心和责任感。对于社区学院而言，这一模式促进了学生之间的紧密联系，增强了校园的学习氛围，有助于形成更具支持性的学习环境。学生导师制作为一种学生主导的教学创新模式，为社区学院带来了显著的教育效益。它不仅帮助新生更好地适应学习环境，提高了学业成绩，还培养了学生的领导才能和教学能力，促进了整个校园的互动和凝聚力。这一模式的成功应用，展示了学生在教学中的重要作用，为未来教育模式的创新提供了很好的参考。

（三）企业大学的虚拟现实培训：沉浸式技能提升与实践应用

VR 技术正在为企业培训带来革命性的变化，其通过提供沉浸式的培训环境，可以有效提升员工的实际操作能力和职业技能。利用 VR 技术，企业大学能够为员工创造逼真的模拟环境，使其在虚拟情境中进行实际操作和技能训练。这种沉浸式培训方式，不仅显著提高了培训效果，还大大降低了实际操作中的风险和成本。VR 培训的核心优势在于其高度的真实感和互动性。员工可以在虚拟环境中反复练习各种操作，体验到与现实工作场景几乎无异的模拟训练。例如，在零售行业，员工可以通过

VR技术模拟复杂的店铺环境和客户服务场景，练习处理各种可能出现的问题。这种培训方法使员工能够更好地应对实际工作中的挑战，提升他们的应变能力和操作技能。沃尔玛大学成功采用了VR技术为其员工提供培训，模拟复杂的零售环境和客户服务场景。通过这种沉浸式的培训，员工不仅能够掌握基础操作技能，还能在面对突发状况时表现得更加从容和有效。VR培训让员工在安全的虚拟环境中进行高强度的实践，避免了实际培训中可能发生的风险和错误，同时降低了培训成本。此外，VR技术的应用还使得培训可以更加灵活和个性化。不同岗位的员工可以根据自身的职业需求，选择适合自己的培训模块。VR技术还允许培训内容的实时更新，使员工能够学到行业最新的操作方法和技术，保持技能的先进性和竞争力。VR技术在企业大学的培训中展现了极大的潜力。它不仅为员工提供了更加生动和实用的学习体验，还大大提高了培训的效率和效果。通过沉浸式的技能提升与实践应用，企业能够更有效地培养高素质的员工队伍，增强企业的整体竞争力。这种创新的培训方式，无疑将成为未来企业培训的重要趋势。

（四）编程马拉松：职业培训机构的创新性协作竞赛

编程马拉松是一种创新的竞赛形式，旨在通过协作和创新来提升学习者的技能应用和学习体验。在编程马拉松竞赛中，学习者在限定时间内合作完成一个实际项目，这种高强度的竞赛形式不仅鼓励了技能的实际应用，还极大地促进了团队合作和创新能力的培养。编程马拉松竞赛的核心在于其协作性和创造性。参与者通常组成小组，结合各自的知识和技能，共同解决一个具体的问题或挑战。这种竞赛形式使得学习者可以在实践中应用所学的理论知识，并在短时间内完成从概念到实施的全过程。这不仅提高了他们的实践能力，也培养了他们在压力下的快速反应和决策能力。美国纽约市曼哈顿社区学院（CUNY-Borough of

Manhattan Community College)在 2019 年成功举办了一次编程马拉松竞赛,这次活动吸引了超过 100 名学生、校友和志愿者参与。参赛者在 48 小时内合作开发出一系列创新项目,这些项目涉及学生社区建设、职业探索、健康护理、环境可持续性以及 STEM 领域中的女性参与等多个领域。通过这样的竞赛,学生不仅展示了自己的技能,还获得了与行业专家直接互动的机会,专家提供了宝贵的反馈和指导,帮助参赛者进一步完善他们的项目。编程马拉松竞赛的形式在职业培训机构中得到了广泛应用,并且取得了显著效果。这种竞赛不仅能够激发学习者的创造力,还提供了实践所学知识的平台,使得学习者能够在真实的项目环境中提升技能。与此同时,编程马拉松还促进了团队合作,学习者在竞赛中必须依靠彼此的支持和合作,才能在短时间内完成复杂的项目任务。此外,编程马拉松竞赛还为学习者提供了宝贵的机会,让他们与行业专家面对面交流,从而获得专业的指导和建议。这种直接的互动,不仅有助于学习者更好地理解行业需求,还能帮助他们将所学技能转化为实用的职业能力。编程马拉松是一种高效且创新的学习模式。它通过将学习者置于实际问题的解决过程中,极大地提升了他们的实践能力和团队合作精神。这种形式的竞赛在职业培训机构中展现了极大的潜力,为学习者提供了提升技能、增强创新能力的独特平台,同时为职业教育的创新发展开辟了新的路径。

(五)学习支持服务的 AI 教练:个性化辅导与实时反馈系统

AI 技术正在为学习支持服务带来深刻变革,它通过提供个性化的学习辅导和实时反馈,显著地提升了学习者的学习效果和满意度。AI 教练通过分析学习者的行为数据,能够精准地识别学习者的需求与困难,从而提供针对性的学习建议和指导,帮助学习者更高效地克服学习障碍。AI 教练的核心优势在于其个性化和即时性。通过对学习者的学习进度、习惯和表现的实时分析，AI教练可以生成个性化的学习计划，推荐合适的学习材料和方法，甚至在学习者遇到困难时提供即时的反馈和帮助。例如，如果学习者在某个特定概念上反复出现错误，AI教练可以自动调整学习路径，提供额外的解释、练习或多种形式的教学资源，帮助学习者加深理解。例如，柏林工业大学的研究团队在AI和大数据管理领域的创新正为教育中的个性化辅导提供坚实的技术支持。他们开发的AI系统能够在学习过程中持续跟踪和分析学生的学习行为，从而提供实时的个性化辅导。这种技术应用不仅提高了学生的学习效率，还帮助学生在学习过程中获得更多的支持和信心，最终提升了他们的学习成绩和整体满意度。AI教练的引入，特别是在复杂或高难度课程中，能够显著减轻学习者的负担。传统的学习支持服务往往受限于时间和人力资源，而AI教练可以全天候在线，随时为学习者提供帮助。这种即时的反馈机制不仅能够提高学习者的学习效果，还能激发他们的学习动机，使他们更愿意投入时间和精力去攻克学习难关。此外，AI教练的个性化辅导系统也为教育机构提供了新的教学管理工具。通过汇总和分析所有学生的学习数据，教育机构可以更好地理解学生的学习模式和需求，从而调整教学方法和资源配置，以进一步提升教学质量和效果。AI教练在学习支持服务中的应用，为教育领域带来了前所未有的个性化和智能化体验。它不仅帮助学习者克服学习中的困难，提高学习效率和满意度，还为教育机构提供了更深层次的教学管理洞察。随着技术的不断进步，AI教练将在教育中扮演越来越重要的角色，推动个性化教育的广泛普及。

三、各方角色与职责

高等职业教育需要构建多元化的终身学习平台与服务体系，以满足不同群体的学习需求，推动全民技能提升。通过明确政府、企业和个人在构建终身学习体系中的职责与合作机制，形成多方合作、相互促进的

第七章　面向未来的高等职业教育发展愿景

终身学习生态系统，有效的激励机制将进一步调动各方积极性，确保终身学习体系的高效运行和可持续发展。

（一）政府引导与支持：政策驱动的终身学习体系建设

政府在构建和推动终身学习体系中扮演着至关重要的引导和支持角色。通过制定相关政策和提供资金支持，政府能够有效推动终身学习的发展，确保这一体系的建设和运行达到预期目标。作为公共政策的制定者，政府具有制定战略方向和配置资源的能力，从而在社会各个层面推动终身学习文化的形成和普及。政策引导是政府推动终身学习体系建设的重要工具。通过政策的制定和实施，政府可以设立明确的学习目标和标准，确保教育和培训机构能够提供符合社会和市场需求的学习项目。例如，政府可以出台法规，要求企业为员工提供定期的技能培训，并通过政策鼓励企业为员工的继续教育提供支持。这种政策引导不仅提升了企业的竞争力，也促进了全民技能提升和知识更新。财政支持是另一项关键手段。政府可以通过设立专门的终身学习基金，向教育和培训机构提供资金支持，以确保他们能够开发和提供高质量的学习项目。同时，政府还可以提供学费补贴和税收优惠，降低个人和企业参与终身学习的成本，激励他们积极参与各种学习和培训活动。例如，新加坡政府推出的"技能创前程"计划就是通过为国民提供学习补贴，鼓励他们在职业生涯的各个阶段进行技能提升。此计划不仅为个人提供了经济支持，还通过设立"技能创前程"信用，资助公民参加政府认可的技能培训课程，极大地推动了全民终身学习的实施。此外，政府的政策支持还可以延伸到学习成果的认可和应用。通过建立统一的技能认证和资格认可体系，政府可以确保学习者的努力得到广泛承认和认可（无论是在国内还是国际劳动力市场上）。这种政策措施不仅增加了学习者的职业发展机会，还增强了他们参与终身学习的动力。政府通过政策引导和财政支持，为终身学习体系的建设提供了强有力的保障。通过这些措施，政府不仅能够确保终身学习的普及和可持续发展，还能够为社会和经济的长远发展提供源源不断的人才支持和智力资源。新加坡的"技能创前程"计划就是这一政策支持的成功范例，它展示了政府在推动全民终身学习中的关键作用。

（二）企业推动与实施：职业培训与继续教育的双重保障

企业在构建终身学习体系中扮演着至关重要的推动者角色，通过设立企业大学和培训中心，企业能够为员工提供系统的职业培训和继续教育，确保员工持续学习和职业成长。作为终身学习体系的重要参与者，企业不仅可以满足自身发展需求，还能够提升员工的职业能力，增强企业的整体竞争力。企业大学和培训中心的设立是企业推动终身学习的重要举措之一。这些机构通常提供技术培训、管理培训和职业规划等多样化的课程，以满足员工在不同职业发展阶段的学习需求。例如，针对技术岗位的员工，企业可以提供最新技术和工具的培训，帮助他们掌握前沿技术，保持职业竞争力；对于管理层，企业则可以提供领导力和管理技能的培训，帮助他们提升管理能力和战略思维。德勤（Deloitte）是这一实践的典范。德勤设立了德勤大学，专门为全球员工提供系统的培训和继续教育课程。德勤大学不仅涵盖了广泛的技术和管理培训，还特别注重领导力和创新能力的培养。通过这种持续的学习和培训，德勤不仅提升了员工的职业能力，也增强了企业的整体竞争力。企业推动终身学习的另一大优势在于其高度的针对性。企业可以根据自身的发展战略和市场需求，为员工量身定制培训课程，确保员工的学习内容与企业的发展方向紧密契合。这种定制化的培训不仅提升了员工的实际工作能力，还为企业的创新和转型提供了有力支持。此外，企业的培训和继续教育还可以与员工的职业规划紧密结合。通过职业规划课程和个性化辅导，

第七章　面向未来的高等职业教育发展愿景

企业帮助员工制定长远的职业发展目标，并提供相应的培训支持，确保员工能够在职业生涯中不断进步。这种双重保障，不仅增强了员工的归属感和工作满意度，也为企业的可持续发展奠定了坚实的基础。企业在推动和实施终身学习体系中发挥了重要作用。通过设立企业大学和培训中心，企业能够为员工提供系统的职业培训和继续教育，确保员工持续学习和成长。德勤大学的成功实践展示了企业在推动员工职业发展和提升企业竞争力方面的巨大潜力，这也为其他企业树立了良好的榜样。

（三）个人主动参与：终身学习理念的树立与实践

个人在终身学习体系中占据着核心主体的地位，个人应积极树立终身学习的理念，并主动参与各类学习和培训。作为终身学习体系的直接受益者和重要参与者，个人的学习态度和行动决定了其职业能力和综合素质能否持续提升。因此，树立终身学习的理念并积极参与学习活动，是个人实现职业成长和自我发展的关键。树立终身学习理念意味着个人认识到学习不仅仅是为了获得学位或证书，更是一种持续的、贯穿一生的自我提升过程。随着技术的飞速发展和职场环境的不断变化，个人需要不断更新知识和技能，以保持竞争力。主动参与各类学习和培训，是个人在职业生涯中保持灵活性和适应能力的最佳途径。个人可以通过多种方式践行终身学习的理念。例如，参加在线课程、社区学院的课程以及企业大学提供的培训项目，都是提升职业能力和综合素质的有效途径。在线学习平台，如 LinkedIn Learning，为个人提供了丰富的学习资源和灵活的学习时间安排，适合不同职业阶段的学习者。通过这种平台，用户可以根据自身的职业需求，选择适合自己的技能培训或个人发展课程，持续提升自己的职业能力。LinkedIn Learning 上的用户就是个人主动参与终身学习的典范。许多用户通过这一平台学习新的技能，从编程到项目管理，再到个人发展技能，这些学习成果不仅提升了他们的职业竞争力,还为他们创造了新的职业发展机会。通过持续的学习,这些用户实现了个人的成长和进步,在职场上保持了持续的竞争优势。个人的主动性在终身学习中至关重要。通过积极参与学习,个人不仅能够掌握最新的知识和技能,还能够培养自律性、问题解决能力和创新思维。这些素质对于应对职业生涯中的各种挑战尤为重要。此外,个人的学习主动性也会影响其职业成就感和幸福感,良好的学习主动性帮助他们在工作和生活中取得平衡和满足。个人在终身学习体系中的主动参与和实践,是实现职业持续发展和自我提升的关键。树立终身学习的理念,积极利用各种学习资源和平台,个人可以不断提升自己的职业能力,适应变化的职场环境,并在职业生涯中取得持续的成功。

(四)多方合作机制:政府、企业与个人的协同创新

政府、企业和个人之间的合作机制是推动终身学习体系建设的关键保障,能够形成多方合作、共同推进的良好局面。通过有效整合和协调各方资源与力量,这种合作机制不仅能够加速终身学习体系的建设与发展,还能够确保其持续性和有效性。建立政府、企业和个人的合作平台,是实现这种协同创新的核心手段。政府作为公共政策的制定者,可以通过设立专门的终身学习合作组织,推动各方的紧密合作。这个组织可以集结政府官员、企业领导者和教育专家,共同制定终身学习的政策和计划,从而促进全民的技能提升和职业发展。这样的合作平台不仅有助于资源的优化配置,还能确保政策的落地实施,更好地满足社会各阶层的学习需求。企业在这种多方合作机制中扮演着至关重要的角色。通过与政府和教育机构的合作,企业可以提供更贴近市场需求的职业培训和继续教育机会。企业的参与不仅能提高培训的实用性和针对性,还能提升企业自身的创新能力和竞争力。例如,企业可以通过合作项目,为员工提供实践机会和最新的行业技术培训,确保员工的技能能够跟上时代的

步伐，同时推动企业的持续发展。个人作为终身学习的直接受益者和参与者，也应积极融入这种合作机制。通过参与由政府和企业共同推动的学习计划，个人可以获得更多的学习资源和支持，提升职业技能和综合素质。个人的积极参与，不仅有助于自身的职业发展，也推动了整个社会学习氛围的形成，促进了全民学习的良性循环。丹麦的"成长与发展"计划是这种多方合作机制的成功范例。通过政府、企业和教育机构的紧密合作，该计划提供了多样化的职业培训和教育机会，显著提升了国民的职业技能。同时，企业通过参与该计划，不仅增强了员工的能力，也推动了自身的创新和发展。这种协同创新机制，不仅促进了个人的成长和职业发展，还推动了整个国家的经济繁荣和社会进步。政府、企业和个人的协同创新，是构建和推动终身学习体系的有效途径。通过多方合作机制，各方可以发挥各自的优势，共同推动终身学习的普及和深化，确保全民技能的持续提升，并为社会的长期发展提供坚实的人才保障。

（五）激励机制设计：多层次奖励促进全民学习

有效的激励机制是调动各方参与终身学习体系建设的关键，它能够显著提升全民学习的积极性和主动性。通过多层次的奖励措施，政府可以激励企业和个人积极参与终身学习，从而推动社会整体知识水平和职业技能的提升。政府在激励机制设计中扮演着主导角色。通过财政补贴和税收优惠，政府可以有效降低企业和个人参与学习的成本，鼓励更多人投身于终身学习体系。例如，政府可以设立终身学习奖学金，帮助那些有志于提升职业技能的个人支付学费或其他学习费用。对于在职人员，政府还可以引入学习假期制度，允许员工在不影响工作的情况下，获得一定时间的学习假期，从而兼顾工作与学习。此外，政府还可以通过学费报销和学习奖励等方式，直接激励个人和企业参与终身学习。例如，在德国的"职业教育激励计划"中，政府通过提供学费补贴和学习奖学金，鼓励个人参与职业培训和继续教育。这样的措施不仅减轻了学习者的经济负担，还增强了他们参与学习的动力。企业在激励机制中也具有重要作用。为了鼓励员工积极参与学习和培训，企业可以提供学习假期、学费报销等福利。这些措施不仅提升了员工的职业技能和综合素质，还增强了企业的整体竞争力。例如，企业可以为参加职业培训的员工提供全额或部分学费报销，并通过设立学习奖励机制，鼓励员工在完成学习后将新技能应用于工作，推动企业的创新与发展。这种多层次的激励机制，不仅调动了个人的学习积极性，也为企业和政府之间的合作奠定了基础。通过有效的激励措施，企业和个人能够在政府的引导下，形成积极参与终身学习的良性循环。这种机制不仅提升了全民学习的积极性，还确保了终身学习体系的可持续发展。总之，设计有效的激励机制，是促进全民终身学习的重要手段。通过财政补贴、税收优惠、学习假期、学费报销等多层次奖励措施，政府、企业和个人可以共同推动终身学习体系的建设，确保社会各层面技能的持续提升，并为经济和社会的发展提供强有力的支持。

四、评估与认证机制

高等职业教育需要构建灵活多样的学习成果评估与认证体系，以确保学习成果的社会认可度，促进人才流动与产业升级。众筹评估、个性化技能图谱、实时协作评估、非正式学习认证和多感官技能评估等创新机制，不仅可以全面反映学习者的职业能力，还能提升评估的科学性和公平性，从而推动终身学习体系的有效构建。

（一）众筹评估机制：利用社会资源实现广泛认证

众筹评估机制是一种创新的认证方式，其通过广泛利用社会资源，实现对学习成果的多维度认证，确保评估过程的全面性和公平性。这种机制依赖社会各界的广泛参与,通过整合专业人士、同行和用人单位的力量,共同对学习者的成果进行评估,从而获得更为客观和全面的评价结果。众筹评估的一个显著优势在于其多样性和公正性。通过邀请各个领域的专家、同行以及潜在用人单位参与评审,众筹评估能够从多个角度对学习成果进行分析和反馈。例如,在设计类专业,学生的作品不仅可以接受来自教学团队的评价,还可以通过众筹平台让业内专家、同行和潜在用人单位进行评审。这种多层次的评估模式,不仅提升了评估的可信度,还确保了评估结果的全面性。Behance平台是众筹评估机制的一个成功案例。作为一个全球创意工作者展示和发现的平台,Behance让设计师将自己的作品发布到平台上,接受来自同行、行业专家和潜在用人单位的评审与反馈。这种众筹评估方式不仅大大提升了设计师作品的曝光率,还帮助他们获得了更客观的评价,并为其职业发展创造了更多机会。通过这种广泛的社会参与,设计师不仅能够获得来自多方的反馈,还能在专业圈层内建立起自己的声誉和影响力。此外,众筹评估机制还促进了学习者与行业之间的直接对接。通过让潜在用人单位参与评估,学习者的能力和作品得到了更具实际价值的评价,为他们的职业发展提供了重要的参考。这种直接的联系,不仅有助于学习者的就业,还能推动整个行业的人才选拔和发展。众筹评估机制通过社会资源的广泛利用,为学习成果提供了更加公正、全面的认证方式。它不仅拓展了评估的视角,确保了评估过程的客观性,还在学习者和行业之间建立了有效的沟通桥梁。这种创新的评估方式,展示了社会参与在教育评价中的巨大潜力,为未来教育评估体系的发展提供了新的思路。

(二)个性化技能图谱:动态展示学习者的职业能力

个性化技能图谱是一种创新的工具,它通过动态展示学习者的职业能力,帮助学习者和用人单位更好地理解和应用学习成果。借助大数据和 AI 技术，个性化技能图谱能够实时更新学习者的技能和发展轨迹，为职业规划和人才匹配提供重要参考。个性化技能图谱的核心优势在于其动态性和个性化。随着学习者的技能和经验的积累，技能图谱能够实时反映这些变化，展示学习者的技能优势、潜在的发展方向以及需要进一步提升的领域。这不仅为学习者提供了清晰的职业发展路径，还使他们能够更有针对性地进行自我提升。对于用人单位来说，个性化技能图谱是一个强有力的工具。通过技能图谱，用人单位可以直观地看到候选人的技能组合和职业发展轨迹，从而更准确地匹配岗位需求和人才供给。这种基于数据驱动的匹配方式，大大提高了招聘效率和匹配的准确性，帮助企业更快找到合适的人才。LinkedIn 推出的技能图谱功能是这一概念的成功实践。LinkedIn 通过分析用户的简历、技能背书以及其他相关数据，动态展示用户的技能水平和职业发展路径。这一功能不仅帮助用户更好地了解自己的职业能力和市场价值，还为用户提供了职业规划的指导，使他们能够更好地定位和提升自己的职业技能。对于企业来说，LinkedIn 的技能图谱功能提供了一个高效的人才筛选工具。企业可以通过这一平台快速识别符合岗位要求的候选人，了解他们的技能组合和职业发展潜力，从而作出更明智的招聘决策。这种基于技能图谱的招聘方式，不仅提高了招聘效率，还降低了人才错配的风险。总之，个性化技能图谱通过动态展示学习者的职业能力，为学习者和用人单位提供了全面而精确的技能评估工具。这种技术的应用，不仅帮助学习者更好地进行职业规划和自我提升，还为企业的人才选拔和岗位匹配提供了有力支持，推动了职业教育和人力资源管理的创新发展。

（三）实时协作评估：集体参与的即时反馈系统

实时协作评估是一种通过集体参与和即时反馈来提升评估互动性和有效性的创新机制。依托协作平台和在线工具，这种评估方式允许评估者和学习者在同一平台上进行实时互动和反馈，从而大幅提升学习效果和评估的准确性。实时协作评估的核心在于其即时性和互动性。通过实时视频、聊天、文件共享等工具，评估者能够即时观察学习者的操作和表现，并迅速提供反馈和指导。这种方式不仅有助于及时纠正学习者的错误，还能强化他们对所学内容的理解和应用。例如，在技能培训中，导师可以通过实时视频和互动工具，直接观看学习者的操作过程，并根据实时观察结果，立即提供评估和改进建议。这种即时反馈的方式大大提升了学习者的学习效果，确保学习者能够在实践中迅速掌握技能。Slack 平台在团队协作和项目管理中成功引入了实时反馈机制，成为实时协作评估的一个典型案例。通过 Slack，团队成员可以利用实时聊天、视频会议和文件共享功能，对项目进展和个人表现进行即时评估和反馈。这种实时互动的评估方式，不仅提高了团队的协作效率，还帮助团队成员更好地理解了任务要求，并在短时间内作出相应的调整和改进。对于学习者而言，实时协作评估提供了更为积极和互动的学习环境。在这种环境中，学习者不仅能够获得来自导师和同行的及时反馈，还可以通过与其他学习者的互动，分享经验和见解，促进集体学习和成长。这种评估方式的即时性，确保了学习者在遇到困难时能够迅速得到帮助，避免了问题积累，提升了整体学习效果。从评估者的角度来看，实时协作评估也提供了更灵活和动态的评估平台。评估者可以根据学习者的即时表现，灵活调整评估标准和指导方式，确保评估过程更贴近实际需求。这种灵活性使得评估更具针对性和有效性，为学习者的成长提供了更有力的支持。实时协作评估通过集体参与和即时反馈，增强了评估过程的互动性和效果。它不仅为学习者提供了更及时的支持和指导，还为评估者提供了更灵活的评估工具，推动了教育和培训的创新发展。这种评估方式的成功应用，如在 Slack 平台上的实践，展示了实时协作评估在提高团队协作效率和个人学习效果方面的巨大潜力。

（四）非正式学习认证：将工作经验和自学成果纳入评估体系

非正式学习认证机制是一种创新的评估方式，它将工作经验和自学成果纳入评估体系，全面反映学习者的真实能力。这一机制突破了传统学历和课程的限制，通过对非正式学习形式的认可，帮助学习者展示他们在职业和个人发展中的积累与成就。非正式学习认证的核心优势在于其包容性和灵活性。传统的教育认证通常依赖正规课程和学位，而非正式学习认证则允许学习者通过工作经验、业余学习、自学成果等多种途径展示自己的职业能力。例如，学习者可以通过实际项目案例展示、工作成果展示、自学考试等方式，认证其在工作中积累的技能和知识。这种认证方式不仅为学习者提供了更多的职业发展机会，也使得他们的学习成果能够得到更广泛的认可和应用。Coursera 推出的职业认证项目是非正式学习认证的一个成功案例。通过与全球知名企业合作，Coursera 为学习者提供了一个平台，使他们能够通过完成实际项目和案例分析，展示其在工作和自学中获得的技能。通过这些真实的项目和案例，学习者能够获得广泛认可的职业证书，极大地提升了在职场中的竞争力。这种认证方式对于学习者的职业发展有着重要意义。首先，它使得那些通过自学或工作实践获得的技能和知识得到了正式的认可，打破了学历和传统教育的限制。其次，非正式学习认证使得学习者的能力评估更加全面和真实，能够反映他们在实际工作中的表现和贡献。这不仅有助于学习者在职场中脱颖而出，还为用人单位提供了一个更准确的人才评估工具。最后，非正式学习认证也鼓励更多的自主学习和职业发展。学习者知道他们的自学成果和工作经验可以得到正式的认证，这将激励他们积极参与各种形式的学习和实践，不断提升自己的职业能力。非正式学习认证机制通过将工作经验和自学成果纳入评估体系，为学习者提供了展示自身真实能力的机会。它不仅丰富了职业认证的形式，还为学习者的

第七章 面向未来的高等职业教育发展愿景

职业发展提供了更广阔的空间。Coursera 的职业认证项目就是这一机制成功应用的典范，展示了非正式学习认证在提升学习者职业竞争力方面的巨大潜力。

（五）多感官技能评估：通过 VR/AR 技术进行沉浸式能力测验

多感官技能评估是一种创新的评估机制，它通过利用 VR 和 AR 技术，提供沉浸式的评估环境，全面测验学习者的职业能力。VR/AR 技术能够模拟真实的工作场景，提供多感官的互动体验，帮助评估者更全面、真实地了解学习者的技能水平和应变能力。这种评估方式的核心优势在于其沉浸性和多感官互动性。与传统的纸笔测试或简单的技能演示不同，VR/AR 技术创造了逼真的虚拟环境，使学习者能够在模拟的实际工作情境中进行操作。这种沉浸式测试不仅能够测试学习者的技能水平，还能够评估他们在压力下的表现和应急反应能力。例如，在医疗培训中，利用 VR 技术可以模拟复杂的手术场景，让学习者在虚拟手术台上进行操作。通过这种方式，评估者可以观察学习者如何处理紧急情况、如何进行复杂操作，以及他们的决策能力和手部技巧。Osso VR 平台是这一技术应用的典型案例。该平台利用 VR 技术为医学生和专业医生提供手术模拟训练。学习者通过在虚拟手术环境中进行练习，获得接近真实的操作体验。Osso VR 不仅提供了高度逼真的手术场景，还为学员提供了实时反馈和系统评估，使他们能够不断改进自己的技术和应对策略。这种评估方式极大地提升了培训效果，确保学习者在进入真实手术室前已经具备了必要的实际操作能力和信心。多感官技能评估的应用不限于医疗领域，还可以广泛应用于其他需要复杂操作和应急反应的职业领域。例如，工程、航空、消防等行业都可以通过 VR/AR 技术模拟危险或复杂的工作场景，进行沉浸式的技能评估。这种评估方式能够准确反映学习者的实际操作能力和适应性,帮助企业和培训机构更好地判断学习者是否具备胜任工作的能力。

总的来说,多感官技能评估通过 VR/AR 技术提供了一个全新的能力测验平台,能够更全面、真实地反映学习者的职业技能水平。这种沉浸式的评估方式不仅提高了培训和评估的效果,还确保学习者在面对真实工作环境时具备足够的能力和信心。Osso VR 平台的成功应用展示了这一技术的巨大潜力,为未来的职业技能评估开辟了新的路径。

结语 新质生产力时代高等职业教育的使命与担当

一、总结核心内容

本书深入探讨了新质生产力时代高等职业教育的适应性转型策略，提供了一个全面的理论框架和实践指南。研究的核心可以概括为以下几个方面：

第一，新质生产力的内涵与特征。本书首先明确了新质生产力的概念，深入分析了其独特的内涵与特征，并详细探讨了其对经济社会发展的深远影响。新质生产力作为推动产业结构升级和劳动力市场需求变化的关键力量，正在促使各行各业发生深刻的变革。本书通过对这些变革的剖析，阐明了高等职业教育进行适应性转型的必要性，并为这一转型提供了坚实的理论基础。这一部分不仅揭示了新质生产力带来的技术和经济变化，还展示了它为教育系统带来的挑战与机遇，进一步指出了高等职业教育在应对这些变化过程中所扮演的关键角色。

第二，高等职业教育的角色与挑战。高等职业教育在培养新质技术技能人才、推动产业转型和科技进步中发挥着至关重要的作用。然而，面对新质生产力时代的快速发展，高等职业教育领域也面临着诸多严峻挑战。本书详细探讨了当前高等职业教育所遇到的一些主要问题，包括课程内容更新滞后、师资力量与行业需求脱节、实训设施落后等。这些问题不仅限制了高等职业教育对新质生产力的适应性，也影响了其在推动经济和社会进步中的作用。要解决这些问题，高等职业教育必须通过系统性的改革和创新，不断提升自身的适应能力和响应速度，从而更好地满足新质生产力时代的需求。改革的方向包括：及时更新课程内容以反映最新的行业动态，增强师资力量与实际产业需求的对接，以及升级实训设施以提供更为先进和贴近现实的操作环境。这些举措将有助于高等职业教育更有效地培养出符合新质生产力要求的高素质技术技能人才，进而推动社会和经济的持续发展。

第三，适应性转型策略。为有效应对新质生产力带来的诸多挑战，本书提出了一系列适应性转型策略，旨在提升高等职业教育的灵活性和响应能力，以更好地服务于产业发展和技术进步的需要。这些策略主要包括以下几个方面：首先，专业结构与课程体系的创新。高等职业教育必须不断调整和优化其专业结构与课程体系，以适应新兴产业的发展。通过引入新的学科领域和技术课程，确保学生能够掌握最新的行业技能和知识，从而提升他们的就业竞争力。这种创新不仅要求课程内容及时更新，还需要课程设计更加贴近实际工作场景，增强学生的实操能力。其次，教学模式的数字化转型。随着数字技术的快速发展，教学模式的数字化转型成为提高教育质量和覆盖面的关键途径。本书建议高职院校积极采用在线学习平台、VR和智能化教学工具，打破传统教学的时间和空间限制，提供更加灵活和个性化的学习体验。数字化转型不仅提高了教学效率，还使教育资源得以更广泛的共享和利用，促进了教育的公平性和普及性。最后，产教深度融合的路径探索。本书强调，深化产教融合是提升高等职业教育适应性的重要途径。通过与企业建立紧密的合作关系，共同开发课程和培训项目，搭建实训基地，高等职业教育可以更加紧密地贴合产业发展的实际需求。产教融合不仅有助于学生获得更多的实践机会，还能为企业提供定制化的人才培养方案，实现教育与产业的双赢。

第四,案例分析与政策建议。本书通过具体的案例分析,为提出的适应性转型策略提供了实证支持,并基于这些案例提出了相应的政策建议。这些案例展示了高职院校如何通过创新和合作,有效提升教育质量和学生的就业竞争力。例如,书中详细分析了高职院校通过引入先进的教学设备和技术,与企业合作共建实训基地的成功案例。这些院校通过现代化的教学工具和设施,使学生能够在校期间获得与实际工作环境高度一致的操作体验,显著提高了他们的实践能力。同时,企业参与不仅帮助定制了符合行业要求的教学内容,还为学生提供了实习和就业机会,增强了他们的职业竞争力。基于这些成功的案例,本书提出了一系列政策建议。这些建议不仅针对政府和教育主管部门,呼吁他们在政策制定和资源分配上给予更多的支持,也为高职院校和行业合作伙伴提供了实用的指导。建议强调,推动高等职业教育的转型需要多方的共同努力,政府应通过政策引导和财政支持,鼓励高职院校与企业的深度合作;高职院校应主动满足产业需求,调整课程设置和教学方法;企业应积极参与职业教育,提供必要的资源和实践机会。这些政策建议的核心在于强调多方协作和政策支持的重要性,旨在形成一个政府、教育机构和企业共同推动高等职业教育发展的良好生态体系。这不仅有助于提升高职院校的教育质量,还能为整个社会培养出更加满足新质生产力时代需求的高素质技术技能人才。

第五,研究的理论价值与实践意义。本书在理论和实践两个层面上都具有重要的贡献,为高等职业教育的转型提供了新的视角和方法。在理论层面,本书通过深入分析新质生产力的内涵和特征,系统探讨了高等职业教育在新质生产力时代面临的挑战与机遇,提出了适应性转型的必要性和方向。这些研究开拓了高职教育与新质生产力结合的研究领域,为学术界和教育实践者提供了新的理论框架,拓展了职业教育研究的深度和广度。在实践层面，本书提出的转型策略和政策建议，基于实证分析，具有很强的可操作性。具体策略，如专业结构与课程体系的创新、教学模式的数字化转型以及产教融合的路径探索，不仅为高职院校的管理者和教师提供了可供参考的操作指南，还对政策制定者和行业合作伙伴具有重要的指导意义。这些建议的实用性和针对性，使得本书的研究成果能够直接应用于高等职业教育的改革和发展，推动高等职业教育实践的改进和优化。

二、对高等职业教育的未来展望

本书在分析现状和挑战的基础上，对高等职业教育的未来发展作出了展望，旨在为教育工作者、政策制定者和相关利益方提供有益的参考。未来，高等职业教育将面临技术进步和产业变革的持续挑战，必须在课程设置、教学模式和产教融合等方面不断创新，以适应市场需求的快速变化。同时，推进国际化进程、提升教育质量、增强全球竞争力以及加强政策支持和资源保障，将是高等职业教育未来发展的关键方向。通过各方协作与持续改革，高等职业教育将能够更有效地支持新质生产力时代的社会经济发展，培养出具有竞争力的高素质人才。

第一，教育模式的创新与个性化。随着技术的迅猛发展和学生需求的日益多样化，高等职业教育将更加注重教育模式的创新与个性化发展。未来，个性化学习路径将成为教育体系的重要组成部分，借助 AI 和大数据技术，为每个学生提供量身定制的学习体验和职业发展指导。这种个性化的教育模式不仅能够根据学生的兴趣、能力和职业目标来调整教学内容和学习进度，还能通过实时数据分析，动态调整学习策略，帮助学生在最合适的节奏下掌握必要的技能和知识。此外，个性化学习模式的推广还将有助于消除传统教育模式中"一刀切"的弊端，使教育更具灵活性和针对性，满足不同学生的独特需求。通过整合多种数字工具和学习资源，学生可以在虚拟教室、在线平台和实际工作场景中自由切换，获得多样化的学习体验。这种教育创新不仅提高了学生的学习效率和成果，也为他们的职业发展提供了更有力的支持，确保每个学生都能实现其个人和职业潜力的最大化。最终，个性化教育模式的广泛应用将推动高等职业教育迈向更加灵活、有效和以学生为中心的发展方向，适应未来社会和经济的多样化发展。

第二，产教融合的深度发展。未来的高等职业教育将更加注重与产业界建立深度合作关系，进一步推动产教融合的发展。通过校企合作、工学结合等模式，教育内容将与产业需求实现无缝对接，切实提升学生的实践能力和就业质量。具体的举措包括：共同开发课程，使教学内容紧密围绕企业的实际需求展开；设立企业导师制度，让学生在学习过程中直接接受来自行业专家的指导和培训；建立高标准的实训基地，提供与真实工作环境相仿的学习场所。这些措施不仅有助于学生在校期间积累宝贵的实践经验，还能确保他们的技能与市场需求高度匹配，从而显著提高毕业生的就业竞争力和职业适应能力。通过这种深度融合的教育模式，高等职业教育将为社会输送更多符合新质生产力要求的高素质技术人才，进一步促进经济和产业的持续发展。

第三，国际化与全球竞争力的提升。在全球化日益深入的背景下，高等职业教育将更加注重国际化发展，致力于提升自身的全球竞争力。未来，高职院校将通过加强国际交流与合作，引进国际先进的教育理念和资源，培养具有全球视野和跨文化交流能力的高素质人才。具体举措包括：参与国际合作项目，与国外知名教育机构和企业建立合作关系，推动跨国教育资源的共享与共建；开展学生交换计划，让学生在全球范围内拓宽视野，增强适应多元文化环境的能力；设计和实施跨国培训课程，使学生能够直接接触国际先进技术和管理经验。这些努力将显著提升高等职业教育的国际竞争力和吸引力，不仅为学生提供更广阔的发展平台,也将推动我国高职教育在全球教育体系中占据更加重要的地位。通过国际化战略的推进,高等职业教育将能够培养出具备全球竞争力的技术技能人才,为应对全球化挑战和机遇做好准备。

第四,终身学习体系的构建。为了适应快速变化的职业市场,高等职业教育将着力构建更加完善的终身学习体系。这一体系将通过在线教育、远程教育等灵活的学习方式,为在职人员和各类学习者提供持续发展的学习机会。无论是在职人员希望提升技能,还是学习者准备转行或应对职业生涯中的新挑战,终身学习体系都将为其提供必要的支持和资源。通过建立终身学习体系,学习者能够在职业生涯的各个阶段随时更新知识和技能,从而保持竞争力和适应性。这一体系不仅有助于个人职业发展的长期规划,还能满足企业和社会对高素质人才的持续需求,从而推动经济和技术的不断进步。终身学习的理念将被广泛推广和落实,使学习不再局限于校园,而是成为贯穿学习者一生的持续过程,帮助学习者在快速变化的全球化环境中保持优势,迎接未来职业市场的各种挑战。

第五,技术驱动的教育变革。随着教育技术的不断进步,高等职业教育将迎来广泛而深刻的技术驱动变革。VR、AR、区块链等新兴技术将被深入融入教学过程,显著提升教育的互动性、实践性和创新性。通过这些技术,学生能够获得更加直观和沉浸式的学习体验,如在虚拟实验室中进行模拟操作或通过 AR 技术直接在现实环境中应用所学知识。这些技术不仅丰富了教学手段,增强了学习的趣味性和参与感,还能提高教学效率和效果。此外,区块链技术的应用将带来教育记录和认证的透明化与防篡改特性,确保学生的学习成果和技能认证能够被全球广泛认可。技术驱动的教育变革将推动高等职业教育迈向更高效、更个性化的新时代,使得教育不再受限于传统的教室环境,而是成为一种灵活、多元且高度互动的学习体验。这些变革将为培养适应未来发展的高素质技术人才提供坚实的基础,推动职业教育在新时代背景下的不断进步和发展。

第六,教育公平与包容性的提升。高等职业教育在未来将更加注重提升教育的公平性与包容性,致力于为所有学习者提供平等的教育机会。通过提供多样化的学习途径和支持服务,高职院校将确保不同背景的学习者,尤其是弱势群体和边缘化人群,能够获得高质量的教育。为实现这一目标,高职院校将推出一系列措施,包括设立奖学金、助学金和特殊支持计划,以帮助有经济困难的学生克服学习障碍。此外,高职院校将加强对不同学习需求的响应,通过定制化的辅导和学习支持服务,确保每一个学生都能充分发挥其潜力。无论是通过在线教育、远程学习,还是通过灵活的课程安排,高等职业教育都将努力消除教育资源分配不均的问题,使教育公平成为现实。通过这些举措,高等职业教育将成为一个更加包容的系统,真正实现"教育为人人"的理念,让所有学习者都能在其职业生涯中获得公平的起点和持续的成长机会。

第七,教育质量与评估体系的完善。未来的高等职业教育将致力于建立更加科学和全面的教育质量评估体系,以全面提升教育质量和学生的综合素质。新的评估体系将超越传统的知识与技能考核,注重对学生创新能力、团队协作能力、问题解决能力等综合素质的培养和评估。通过引入多维度的评估方法,如项目驱动的学习成果评估、团队合作表现评估以及真实工作场景中的应用能力测评,高职院校将能够更加准确地反映学生的整体发展情况。

这种综合性的评估体系不仅有助于提高教育质量,还将为学生提供更加清晰的反馈,帮助他们了解自己的优势和需要改进的地方,从而更好地规划个人学习和职业发展路径。同时,这种评估方法也能够为教师提供有效的数据支持,帮助他们不断优化教学内容和方法,确保教育始终满足时代需求，符合行业标准。通过完善教育质量与评估体系，高等职业教育将进一步提升其教学水平和学生的职业竞争力，为社会培养出更多具备全面素质的高素质技术人才。

第八，社会责任与可持续发展的融入。未来的高等职业教育将更加重视学生社会责任感和可持续发展意识的培养，致力于通过课程设计和教学活动，引导学生为社会问题的解决和可持续发展的推进贡献力量。高职院校将把社会责任与可持续发展理念融入各学科的教学内容，确保学生在掌握专业技能的同时，深刻理解自身在社会和环境中的角色与责任。此外，高职院校将积极参与社区建设和社会服务，推动学生通过实际行动践行公民责任和社会义务。通过组织社会实践、志愿服务和环保项目，高职院校将为学生提供亲身参与社会问题解决的机会，培养他们的社会责任感和公民意识。这种实践导向的教学不仅提升了学生的社会参与度，还增强了他们的团队合作能力和领导能力。将社会责任和可持续发展融入教育的每个环节，可以确保高等职业教育不仅培养具备技术和知识的人才，还培育出具有强烈社会责任感和可持续发展意识的全方位人才。通过这些努力，高职院校将为社会的长期繁荣与可持续发展贡献更多的智慧和力量。

高等职业教育的未来发展将是一个融合创新、个性化、国际化、技术驱动和社会责任的综合进程。通过持续改革和优化，高等职业教育将更有效地满足新时代的多样化需求，为社会培养出更多具备高素质技术技能的人才，为经济的高质量发展作出更大的贡献。希望本书的研究与建议能够为这一进程提供宝贵的参考和指导，助力教育工作者、政策制定者和相关利益方共同推动高等职业教育迈向更加辉煌的未来。

参考文献

[1] 黄奇帆，赵振华，陈晓红，等.新质生产力[M].杭州：浙江人民出版社，2024.

[2] 刘典.新质生产力：中国经济发展新动能[M].北京：中国财政经济出版社，2024.

[3] 林毅夫，等.新质生产力：中国创新发展的着力点与内在逻辑[M].北京：中信出版社，2024.

[4] 黄奇帆，赵振华，陈晓红.新质生产力[M].杭州：浙江人民出版社，2024.

[5] 黄群慧.读懂新质生产力：以科技创新引领现代化产业体系建设[M].北京：中信出版集团，2024.

[6] 盖凯程，韩文龙.新质生产力[M].北京：中国社会科学出版社，2024.

[7] 张占斌，陈晓红，黄群慧，等.新质生产力：中国经济未来增长极[M].长沙：湖南人民出版社，2024.

[8] 洪银兴，高培勇，等.新质生产力：发展新动能[M].南京：江苏人民出版社，2024.

[9] 赵振华，等.经济前沿课：新质生产力[M].北京：人民日报出版社，2024.

[10] 《解读新质生产力》编写组.解读新质生产力[M].北京：新华出版社，2024.

[11] 徐晓明.新质生产力：理论与实践[M].哈尔滨：黑龙江教育出版社，2024.

[12] 尹西明，陈劲.加快发展新质生产力：创新引领高质量发展的中国路径[M].郑州：河南科学技术出版社，2024.

[13] 金江军.新质生产力与中国式现代化[M].上海：上海远东出版社，2024.

[14] 李德方, 王明伦. 高等职业教育发展新论 [M]. 北京: 知识产权出版社, 2017.

[15] 林宁. 职业教育学 [M]. 北京: 清华大学出版社, 2019.

[16] 库恩. 科学革命的结构 [M]. 4版. 金吾伦, 胡新和, 译. 北京: 商务印书馆, 2012.

[17] 严中华. 国外职业教育核心理念解读: 学习成果导向职业教育课程开发理论与实践 [M]. 北京: 清华大学出版社, 2017.

[18] 马克思. 资本论 [M]. 中共中央马克思恩格斯列宁斯大林著作编译局, 译. 北京: 人民出版社, 1975.

[19] 马克思. 政治经济学批判 [M]. 徐坚, 译. 北京: 人民出版社, 1964.

[20] 宋田田, 沈琳. 职业教育赋能新质生产力的现实阻碍与优化路径 [J]. 教育与职业, 2024 (12): 14-20.

[21] 何景师, 徐兰, 郭高萍. "四链"融合视角下职业教育赋能新质生产力的逻辑机理与实践路径 [J]. 教育与职业, 2024 (12): 5-13.

[22] 韩飞, 金琴花, 郭广帅. 职业教育与新质生产力: 创新生态系统理论视角下的双向赋能 [J]. 高教探索, 2024 (3): 58-64.

[23] 王屹, 宾恩林. 发展新质生产力背景下职业教育服务技能型社会建设的使命与路径优化 [J]. 现代教育管理, 2024 (6): 11-21.

[24] 张安民. 职业教育发展与新质生产力提升: 来自中国274个城市的证据 [J]. 职业技术教育, 2024, 45 (16): 28-35.

[25] 牛可心, 顾岩峰, 刘永虎. 高质量职业教育何以赋能新质生产力提升: 欧洲深度科技人才计划的经验及启示 [J]. 职业技术教育, 2024, 45 (16): 73-80.

[26] 李思玲, 周紫玲. 职业教育与新质生产力的耦合: 逻辑基点、现实堵点和实践构想 [J]. 中国职业技术教育, 2024 (16): 3-10, 19.

[27] 宋富娟, 李红军. 职业教育在新质生产力形成发展中的促进效应和认知重塑 [J]. 中国职业技术教育, 2024 (16): 11-19.

[28] 马宁, 张越. 职业教育助力新质生产力发展的价值意蕴、时代机遇与行动框架 [J]. 教育与职业, 2024 (11): 5-13.

[29] 何柏略, 刘衍峰. 职业教育赋能新质生产力的内在逻辑与实践策略 [J]. 教

育与职业，2024（11）：14-21.

[30] 牛同训. 新质生产力：职业教育何为[J]. 中国职业技术教育，2024（15）：3-12，46.

[31] 李钰靖. 发展新质生产力背景下技能劳动力需求特征及职业教育供给思路：基于人工智能劳动介入的研究视角[J]. 中国职业技术教育，2024（15）：13-24.

[32] 胡蕙芳，奚康. 科教融汇赋能新质生产力：内在逻辑、现实困境和实践路径：基于高等职业教育的视角[J]. 职教论坛，2024，40（5）：20-26.

[33] 曹渡帆，朱德全. 职业教育高质量发展赋能新质生产力的内在逻辑与"三融"路径[J]. 西南民族大学学报（人文社会科学版），2024，45（5）：202-211.

[34] 陈凤英. 新质生产力与职业教育高质量发展的耦合机理[J]. 民族教育研究，2024，35（2）：104-111.

[35] 陈游. 新质生产力视角下职业教育驱动供应链创新与价值链跃升的内涵解释、现实挑战与破解策略[J]. 中国职业技术教育，2024（12）：22-30.

[36] 霍丽娟. 职业教育赋能新质生产力发展的内涵要义、运行逻辑和推进路径[J]. 中国职业技术教育，2024（12）：3-11.

[37] 张培，南旭光. 伴生与耦合：新质生产力视域下的职业教育高质量发展[J]. 高校教育管理，2024，18（3）：44-52.

[38] 郑蓓，阮红芳. 新质生产力赋能职业教育高质量发展的逻辑理路与实践模式[J]. 中国职业技术教育，2024（12）：12-21，38.

[39] 杨慷慨. 新质生产力视角下的职业教育高质量发展研究[J]. 职教论坛，2024，40（4）：20-29.

[40] 曾天山，陆宇正. 全面提高职业教育质量加快新质生产力发展[J]. 职教论坛，2024，40（4）：5-9.

[41] 王新波. 赋能新质生产力职业教育何为与何以为[J]. 职教论坛，2024，40（4）：9-12.

[42] 潘海生，杨影. 加快发展新质生产力背景下职业教育的角色使命与责任担当[J]. 中国职业技术教育，2024（10）：27-33.

[43] 职业教育如何赋能新质生产力[J]. 职业技术教育，2024，45（9）：6-7.

[44] 韩飞,郭广帅.职业教育赋能新质生产力：理论逻辑、实践堵点与创新路径[J].职教论坛，2024，40（3）：5-14.

[45] 徐平利.发展新质生产力需要中国职业教育话语体系实现新转向[J].职业技术教育，2024，45（9）：8-14.

[46] 冯海芬.基于新质生产力锻造的职业教育创新逻辑与路径[J].职业技术教育，2024，45（9）：24-31.

[47] 闫志利,王淑慧.职业教育赋能新质生产力：要素配置与行动逻辑[J].中国职业技术教育，2024（7）：3-10.

[48] 赵晶晶,张智,盛玉雪.我国高等职业教育区域布局动力因素与适应性特征研究[J].国家教育行政学院学报，2020（10）：78-85.

[49] 张成涛.高等职业教育适应性摭论[J].西南交通大学学报（社会科学版），2011，12（2）：120-123.

[50] 高权德.高等职业教育应加强适应性从业能力的培养[J].高校理论战线，2007（6）：50-51.